——————————— 님의 소중한 미래를 위해
이 책을 드립니다.

꽤 괜찮은
어른이 되고 싶다면
니체를 만나라

현명하게 나이 들고 싶은 사람들을 위한 니체의 가르침

꽤 괜찮은
어른이 되고 싶다면
니체를 만나라

이동용 지음

초록북스

초록북스

우리는 책이 독자를 위한 것임을 잊지 않는다.
우리는 독자의 꿈을 사랑하고,
그 꿈이 실현될 수 있는 도구를 세상에 내놓는다.

꽤 괜찮은 어른이 되고 싶다면 니체를 만나라

초판 1쇄 발행 2024년 9월 15일 ┃ **지은이** 이동용
펴낸곳 ㈜원앤원콘텐츠그룹 ┃ **펴낸이** 강현규·정영훈
등록번호 제301-2006-001호 ┃ **등록일자** 2013년 5월 24일
주소 04607 서울시 중구 다산로 139 랜더스빌딩 5층 ┃ **전화** (02)2234-7117
팩스 (02)2234-1086 ┃ **홈페이지** blog.naver.com/1n1media ┃ **이메일** khg0109@hanmail.net
값 16,000원 ┃ **ISBN** 979-11-6002-149-3 03100

모든 것의 시작은 위험하다.
그러나 무언가 시작하지 않으면
아무것도 해결되지 않는다.

• 프리드리히 니체 •

좋은 어른 되기,
니체를 안내자로 삼자!

'언제 어른이 될래?' 어려서 자주 듣던 말이다. 주로 혼날 때 들었는데, 여기서 어른은 예상이 가능한 사람을 뜻한다. 내가 당연히 해야 할 일을 하지 않았을 때도 부모님은 이런 말로 나를 혼냈다. 이때 어른이란 남들도 알고, 나도 아는 것을 공유하고 실행하는 사람이다. 소위 누구나 다 아는 그런 사람이 어른의 의미이다. 하지만 여기서부터 문제가 시작된다.

'나는 어른인가?' 이 질문은 언제 어디서나 유용하게 쓰일 수 있다. 어느 누구도 이 질문으로부터 자유로울 수가 없기 때문이다. 어른의 말을 잘 듣는 것이 진정 어른의 증거일까? 시킨 대로 하는 것이 어른의 행위일까? 질문이 형성되고 나면 이제부터는 철학에 도움을 요청해야 한다. 철학은 질문이 있는 곳이라면 어디든 도움의 손길을 마다하지 않는다.

어른도 어른 나름이다. 세월이 흘러 자연스럽게 노화된 결과물로서 어른을 생각할 수도 있다. 사람은 몸만 나이가 드는 게 아니라, 이성도 나이가 든다. 생각도 나이가 든다. 그렇게 늙어버린 이성으로 인생을 마무리할 수도 있다. 하지만 그렇게 늙어버린 사람은 그냥 노인에 불과하다. 예의상 어른이라고 불러줄 수는 있지만, 존경심은 동반되지 않을 것이다.

그러나 누구나 존경해주는 그런 어른이 있다. 지금부터 나는 이 어른이라는 목적지를 향해 긴 여행을 떠나려 한다. 아는 만큼 한계가 주어지겠지만, 나는 그 한계에 도전해보려는 것이다. 여행길을 인도해 줄 안내자로는 철학자 니체를 선택했다. 감히 이런 말을 하고 싶다. "니체를 안내자로 삼으면 못 할 게 없다!"

독서 여행을 준비하는 자에게 니체는 충분히 매력적일 것이다. 인류 역사상 이보다 더 멋진 철학자가 또 있었을까? 누구나 다 아는 '어른 중의 어른'이 니체가 아닐까? 앞으로도 니체에 버금가는 철학자가 탄생하기란 쉽지 않을 것이다. 그가 말로 쌓아 올린 탑의 높이를 가늠하기란 여전히 거의 불가능에 가깝다. 그 높은 정상에 오를 수 있는 자가 또 있을까?

니체가 들여다본 심연의 깊이는 상상을 초월한다. 니체는 차라투스트라이고, 차라투스트라는 초인이며, 초인은 디오니소스이고, 디오니소스는 니므롯이다. 니므롯은 바벨탑을 쌓아올린 왕으로서 저 하늘 높은 곳에 있다는, 오로지 그 단 한 명의 신에게만 도전하는 무례한 자이다. 그가 쏜 화살은 자신의 심장을 뚫는다. 즉 신이 되었던 자신을 자기가 죽인다.

니체가 걸어간 길을 따라 걷다 보면 끔찍한 살해 현장을 목격하게 된다. 그의 수많은 이야기가 결국에는 이 현장으로 향하는 길이었음을 알게 될 때, 온몸으로 전해지는 전율은 새로운 윤슬을 창조함과 동시에 또다시 끝도 없는 심연을 들여다보게 한다. 자신을 떠나지만 결국 자기 자리로 돌아간다. 과연 끝까지 도달한 정신이 마주하게 될 자신의 얼굴은 어떤 모습일까?

심연은 주름진 노인의 얼굴을 보여 줄 수도 있고, 죽음 앞에 선 자신의 모습을 확인할 수도 있으며, 세상에 지쳐버린 초라한 모습이 보일 수도 있다. 하지만 겁먹지 말자. 니체는 늘 철학으로 다시 시작할 수 있는 기술을 가르쳐 준다. 사람은 죽을 때까지 배워야 한다. 마지막 죽는 순간까지 배우고 익히겠다는 욕망으로 끝까지 살아보자.

'니체' 하면 떠오르는, 누구나 다 아는 말이 있다. '신은 죽었다.' 니체는 이 말과 함께 불멸이 되었다. 하지만 우리는 그 말을 하는 주체로서 '어른'을 찾아갈 것이다. 지금 시대는 영웅들을 필요로 한다. 우리는 신을 죽이고 사람을 살려 내는 영웅들을 기다리고 있다. 연약한 노인을 죽이고 '신은 죽었다' 외쳐대며 젊음을 구가하는 용감한 독자들을 필요로 하는 것이다.

　'괜찮은 어른이 되는 철학, 니체'가 이 책의 콘셉트다. 그런데 어른도 사람이다. 어른을 너무 비현실적인 이미지로 만들지 않는 것이 중요하다. 즉 어른을 너무 이상주의적으로 바라보지 않는 것이 요구된다. 지금 이런 말이 필요한 이유는 우리 모두 중세 천 년 동안 비현실적인 것을 현실적으로 이야기하면서도 아무런 양심의 가책을 받지 않아도 되었고, 또 지나치게 이상주의적으로 생각하면서도 너무나 당당할 수 있었기 때문이다.

　니체의 대표작이라면 『차라투스트라는 이렇게 말했다』일 것이다. 나는 이 책을 고등학생 즈음에 알게 되었는데 그때부터 지금까지 나의 인생을 이끌어주는 태양 같은 존재가 되었다. 이런 이념으로 나 자신에게 '단단丹旦'이라는 호를 선사하기도 했다. 이것은 『아침놀』을 번역하는 과정에서 탄생했는데 붉을 단丹과 아침 단旦을 엮어서 나의 호를 만든 것이다. 이제 나는 '좋은 어른'이라는 개념을 빛의 현상으로 밝혀보고자 한다.

　니체의 철학적 이념을 가장 잘 설명해준 부분으로 나는 『차라투스트라는 이렇게 말했다』에서 등장하는 '세 가지 변화에 대하여'라는 장을 꼽고 싶다. 여기서 니체는 '낙타'와 '사자'와 '어린아이'를 거쳐가는 변화의 과정을 설명한다. 세 가지 모두 너무도 유명한 개념이고 이야기이지만, 그래도 여전히 설명이 필요한 개념이다.

성경의 주인공 여호와 하나님이라면 "나는 스스로 있는 자이니라"(출애굽기 3:14)라고 말해도 쉽게 납득할 수 있다. 신은 그럴 수 있고, 또 그래도 된다. 신은 자기소개가 필요하지 않다. 신은 그냥 '나는 나다'라고만 말해도 된다. 그런 절대적인 존재가 신이며, 그것이 신학의 학문적 이념이다. 이제 우리는 신학의 반대편에 서 있는 인문학의 이념을 공부하려 한다. 생철학, 현상학, 실존철학, 실존주의 등으로 이름은 다양하게 변해가지만, 이념은 동일하다.

사람의 삶, 인간의 인생, 존재자의 존재가 하나의 이념으로 모여든다. 또한 삶은 과정이고, 그것이 삶의 본질을 형성하기에 삶은 멈춤이 없어야 한다. 피도 흘려야 하고, 숨도 쉬지 않고 쉬어야 한다. 삶은 시간 속에서 진행될 뿐이다. 이러한 삶의 현장은 눈으로 확인할 수 있다. 그런데 삶은 또 다른 형식, 즉 마음의 영역도 있어서 상황이 복잡해지고 만다.

과정을 뭐라고 설명해야 할까? 이런 것은 신학에서는 고민거리가 아니었다. 하나님은 늙음도, 죽음도 문제가 되지 않는다. 그에게는 그저 영원만이 주어져 있을 뿐이다. 그러나 사람은 시간 속에서 태어나 하염없이 나이에 집착하거나 나이를 잊고 살기도 하지만, 결국에는 늙어서 죽음을 맞이한다. 사람이라면 누구나 죽음의 관문을 지나가야 한다. 죽음 이후? 니체는 그런 것보다는 죽기 전에 살아야 할 내용에만 집중할 뿐이다.

낙타의 단계, 사자의 단계, 어린아이의 단계! 이것을 나는 이 책의 1부, 2부, 3부의 이념으로 정했다. 이것은 세 개의 징검다리가 되어서 독서를 이끌어줄 것이다. 이것을 통해서 나는 현대인이 니체에게서 배워야 할 가장 중요한 세 가지 방법을 제시하고자 한다.

가장 먼저 낙타의 단계에서 니체는 자기와의 싸움을 종용한다. 사람은 자기를 극복하기 전에 스스로 극복할 만한 존재가 되어야 한다. 싸울 가치가 충분히 있는 그런 존재가 된 후에 싸워달라는 것이다. 이것이 니체가 가르치고자 하는 싸움의 기술이다. 자기를 신으로 만든 후 죽이는 기술이다. 앞으로 알게 되겠지만, 낙타는 순종의 대명사로 짐을 거부하지 않는다. 낙타는 짐을 지고서 사막이라는 현실을 지나간다. 사람은 먼저 낙타가 되어야 한다.

그다음 사자의 단계에서 배워야 할 지혜는 모든 짐을 벗어던지는 것이다. 사자는 모든 쇠사슬을 끊는 정신을 구현한다. 즉 저기를 동경하는 것이 아니라, 여기를 지배하고 즐기는 것이 사자다. 떠나는 사람은 떠나게 하고, 오는 사람은 막지 않는 정신이 필요하다. 외부의 상황에 흔들리지 않는 굳건한 생각도 요구된다. 특히 사자의 이미지는 '금발의 야수'로 성장을 거듭한다. 야수성은 자연성과 맞물리듯이 주인정신, 주인도덕 등 다양한 개념들이 사자의 정신과 엮이게 된다. 니체 철학의 정수가 바로 사자의 이미지로 구축된다.

문제는 마지막 '어린아이'에 있다. 니체는 사실 '어린아이'에 대해 많은 이야기를 남겨놓지 않았다. 그가 한 말은 누구나 다 아는 수준의 것이다. 어린아이는 순수하다. 어린아이는 잘 논다. 어린아이는 창조적이다. 게다가 『차라투스트라는 이렇게 말했다』 외에는 이런 설명조차 찾기 힘들다는 것이 더 큰 문제이다. 어린아이 자체가 수수께끼가 된다. 그렇다고 하더라도 어린아이에 대한 니체의 이념이 부족한 것은 결코 아니다. 아니, 거의 모든 설명들이 바로 이 개념으로 연결되고 있다고 말해도 무방하다. 어른과 어린아이는 이런 측면에서 의미를 공유한다고 보면 된다.

나는 이 책에서 '초인, 어린아이, 어른'이라는 세 가지 개념을 한데 엮어가며 단단한 그물을 만들 요량이다. 이 그물에 어떤 인식이 걸려들지는 독서하는 동안 스스로 관찰을 해주면 된다. 자, 이제 떠나보자. 니체의 글 속으로!

차례

2부

사자의 단계: 쇠사슬도 끊을 수 있어, 힘만 있으면

3부

어린아이의 단계: 돌아가라, 차라투스트라의 동굴로

낙타의 단계에서 니체는 자기와의 싸움을 종용한다. 사람은 자기를 극복하기 전에 스스로 극복할 만한 존재가 되어야 한다. 싸울 가치가 충분히 있는 그런 존재가 된 후에 싸워달라는 것이다. 이것이 니체가 가르치고자 하는 싸움의 기술이다. 자기를 신으로 만든 후 죽이는 기술이다. 앞으로 알게 되겠지만, 낙타는 순종의 대명사로, 짐을 거부하지 않는다. 낙타는 짐을 지고서 사막이라는 현실을 지나간다. 사람은 먼저 낙타가 되어야 한다.

1부

낙타의 단계:
느려도 좋아, 서두르지만 않으면 돼

Nietzsche

1장

사막과 현실:
사막 같은 현실에서도 살 수 있다

학문의 사막에서 하는
정신의 여행

학문의 사막에서. — 때로는 사막을 여행하는 것과 다름없는 겸허하고 힘
든 여정을 가는 학문적인 인간들에게 우리가 '철학적 체계'라고 부르는 저
찬란한 신기루가 나타난다. (인간)

내가 좋아하는 영화 중에 〈환상통〉이 있다. 원제는 '판톰슈메르츠
Phantomschmerz'라는 독일어로 가상, 허구의 통증을 말한다. 이 영화
의 줄거리는 이렇다. 자전거를 타고 세계여행을 꿈꾸던 주인공이 어
느 날 사고로 한 쪽 다리를 잘라냈다. 그때부터 그는 환상통에 시달
린다. 꿈을 잃고 세상을 원망하며 인생의 소중한 시간을 허비하던 그
는, 새로운 마음으로 다시 일어나 피레네산맥으로 향하는 장면으로
영화는 끝난다. 한쪽 다리로도 산을 오를 수 있다. 정상인들보다 힘
은 들겠지만, 그렇다고 불가능한 일은 아니다.

  니체에게 사막 이야기는 한도 끝도 없다. 사막에서 시작하고, 사막
에 있다가, 사막에서 마감하는 이야기가 니체가 들려주는 돌림노래
이다. 이런 의미에서 『차라투스트라는 이렇게 말했다』는 음악이다.

그런 식으로 노래가 되어버린 이야기가 철학의 형식을 갖추고 있으
니 놀라울 따름이다.

혼자, 홀로 걸어야 한다

'사람의 삶, 인간의 인생, 존재자의 존재'는 모두 같은 말이다. 순우
리말에서 한자어로, 그리고 다시 철학적 개념으로 옮겨갔을 뿐이다.
말을 다르게 하면서도 같은 패턴으로 생각할 수 있으면 된다. '헤쳐
모여!'를 반복하는 이런 훈련부터 거듭해야 철학이 재밌어진다.

재밌으면 아무 문제 없다. 놀 수만 있다면 인생은 아무 문제 없다.
"악마야 놀자!" "악마야 함께 여행 가자!"라고 할 때 악마 같은 그 누
군가도 친구가 되는 것이다. 독일 속담에 '마지막에 웃는 자가 가장
잘 웃는 자다'라는 말이 있다. 그 마지막은 자기만 안다. 누가 옆에
서 '넌 여기까지!'라고 말하면 기분부터 나빠진다. 좋은 말로 '인식의
그물'을 짜야 한다. 그렇게 짠 그물로 누구는 인생이라는 고래도 낚
을 수 있다.

학문이 사막이라면, 행운을 빌고 사막으로 가야 한다. 공부를 한다
는 것은 사막을 건너는 것과 같다. 사막에는 마실 물도 없고, 길도 없
으며, 살아 있는 생명조차 찾기 힘들다. 사막의 부드러운 모래가 발
걸음을 무겁게 할 것이다. 이토록 힘들고 삭막한 곳에서 혼자, 홀로

걸어야 한다. '혼자, 홀로!' 이것이 니체가 들려주는 끝도 없는 이야기의 주인공이다.

인간의 인생은 아무도 도와줄 수 없다. 삶을 살아야 하는 사람만이 자기 삶을 통해 자기 자신을 드러낼 수 있을 뿐이다. 목숨이 두 개라면 하나쯤 희생시키는 것은 쉬울 것이다. 하지만 목숨은 단 한 개뿐이라서 소중하기 짝이 없다. 모든 인생은 단 한 번의 기회뿐이다.

당연한 얘기지만, 모든 시작은 어렵다. 시작이라는 현실감각을 쟁취하기가 쉽지 않다. '학문이 사막'이라는 이 공식부터 손에 거머쥐기가 여간 까다롭지 않다. 하지만 수학에서도 공식이 이해되면 아무리 숫자가 복잡하게 얽혀 있어도 쉽게 해결될 수 있는 것처럼, 철학에서도 이런 일이 벌어진다. 차분하게 공식부터 이해하려는 요량으로 시간을 충분히 보내보자.

어른들은 '공부하라!'는 말을 자주 한다. '공부하라'는 말이 어른의 전유물이라고 단언해도 된다. 공부하는 것과 어른이 되는 것은 맥락을 같이한다. 공부와 어른은 같은 존재에 대한 다른 개념이다. 우리는 공부라고 말을 할 때 장인 공工 자를 쓴다. 이는 마치 하늘의 뜻과 대지의 뜻이 하나로 연결되는 형상을 띠고 있다. 공부를 하려면 이런 공부를 해야 한다.

천국과 지옥의 이념이 하나로 엮이면 어떤 세상이 펼쳐질까? 천국은 좋고, 지옥은 나쁘다? 천국은 가고 싶지만, 지옥은 절대로 가고 싶지 않다? 죽음 이후에도 삶이 있다? 천사가 되는 삶이 있다? 개체는 사라지고 집단만 존재하는 하늘나라가 있다? 궁금증은 많을수록 좋다. 그것을 풀기 위한 질문 속에서 새로운 북소리와 나팔 소리를 들어보자. 들려오는 소리에 귀를 기울여보자.

경계하고 또 경계하자

1865년, 대학생이 된 청년 니체는 우연히 어느 고서점에 들렀다. 거기서 운명처럼 쇼펜하우어의 『의지와 표상으로서의 세계』에 눈길이 갔으며, 그것을 선반에서 꺼내 손에 들고서 첫 번째 페이지를 펼쳤을 때 그의 귀에는 어떤 정령의 소리가 들렸다. "이 책을 집으로 가져가라."² 니체는 이런 귀신의 소리를 들으며 철학의 길을 개척했다.

새로운 소리가 있다. 낯선 목소리가 있다. 햄릿도 귀신의 소리를 들으며 근대의 영웅이 되었다. 다만 그가 비극의 주인공이라는 사실 앞에서 잠시 걸음을 멈춰야 한다. 귀신의 소리도 귀신의 소리 나름이다. 햄릿이 들은 소리는 현실을 현실로 보지 못하게 하는 소리였던 반면, 청년 니체가 고서점에서 들은 소리는 그를 불멸이 되게 했다. 별이 되게 한 소리였다.

사막에서 조심해야 하는 것은 '찬란한 신기루'이다. 햄릿을 맹목적으로 만든 것은 망상이었다. 신기루는 착각을 불러일으키고, 사람을 속이는 현상이다. 현상에 휘둘리면 안 된다. 보고 싶은 것만 보면서 그것이 전부인 양 착각하면 안 된다. 듣고 싶은 것을 들으면서 그것이 사실인 양 떠벌리면 안 된다. 도대체 우리의 눈과 귀는 우리에게 무슨 짓을 하고 있는가?

인생은 죽을 때까지 우리를 속이려 할 것이다. 특히 '철학적 체계'라는 것에 희롱당하는 일이 많을 것이다. 세상에는 말도 안 되는 말들이 너무도 많다. 스토리텔링에 의해 사실처럼 만들어진 사실이 너무도 많다. 눈을 속이는 일들이 너무도 많다. 그런 일들에 속아서 살다가 인생의 막바지에 이른 정신은 한결같이 차가운 바닥에 쓰러지고 말 것이다.

경계하고, 또 경계하자. 우리의 영웅 이순신 장군처럼 큰 칼 옆에 차고 경계의 끈을 늦추지 말자. 어디선가 들려오는 바람 소리에 놀라서 '남의 애를 끊나니'[3] 하는 말이 입에 담길 정도로 긴장감을 지속해보자. 예민해야 한다. 어떤 것도 놓치는 일은 없어야 한다.

길을 바라보고, 길 위에 머물며,
길에서 길을 묻다

그는 디오니소스의 새가 즐겁게 유혹하는 소리에 귀를 기울이면 된다. 이 새는 그의 머리 위에서 몸을 흔들거리며 그에게 고향으로 가는 길을 가르쳐주려 한다. (비극)

나는 대학생 시절, 하이데거의 『숲길』을 읽은 적이 있다. 그때부터 길에 대한 생각은 나를 떠나지 않았다. 숲에도 길이 있다. 길을 안다는 것과 길을 걷는다는 것의 의미를 깨닫기 시작했다. 길은 어디에나 있는 것이다. 길이 없는 곳에서는 길을 만들어가며 걸어가면 된다.

위의 인용문에서 '그'는 길을 잃은 자이다. 그는 고향집으로 가는 길을 잃었다. 고향에 대한 고민은 문학과 철학을 아우르는 대표적인 문제이다. 우리의 시인 윤동주는 이런 말을 했다. "아름다운 또 다른 고향에 가자."⁴ 그러니 고향이 하나뿐이라고 고집을 피우면 안 된다. 고향도 고향 나름이다. 나라를 잃은 자에게 현실적인 고향은 의미가 없기 때문이다.

새소리가 길을 인도해줄 것이다

길을 잃었을 때는 '디오니소스의 새'가 들려주는 소리에 귀를 기울이면 된다. 새소리가 길을 인도해줄 것이다. 그런데 그런 새가 어디에 있을까? 어디서 그런 새를 발견할 수 있을까? 독일의 건국 신화에 해당하는 '니벨룽겐의 전설' 속에 등장하는 영웅 지크프리트도 용을 때려잡고 나서 새소리를 들었다고 한다. 자연과 하나가 되는 기분이 이런 것이리라.

디오니소스는 니체에게 아리아드네의 실과 같다. 니체의 첫 작품 『비극의 탄생』에서는 아폴론 대 디오니소스라는 대립 구조 속에서 예술의 탄생을 운운했고, 그의 마지막 작품들 중 하나인 『디오니소스 송가』에서는 자신을 죽이고 자기를 살려내는 이야기를 들려주었다. 비극의 주인공은 디오니소스이다. 하지만 여기서 주인공은 은폐되어진 인물일 뿐이다.

비극이지만, 비극이 아니다. 예를 들어 햄릿은 무대 위에 등장한 현상적 의미에서 비극의 주인공이지만, 디오니소스는 이런 비극을 실현시키는 본질적 의미에서 또 다른 비극의 주인공이다. 즉 그는 보이지 않는 인물이다. 작품 속 인물들, 예를 들어 햄릿, 오셀로, 리어 왕, 맥베스 등은 모두 이런 인물들에 불과할 뿐이다. 하지만 이들은 모두 디오니소스의 현상에 지나지 않는다.

'디오니소스를 보았는가?' 이것은 형이상학적 질문이 된다. 비극을 보고 나면 이런 질문이 본질을 형성하게 해준다. 『오이디푸스』라는 공연을 보고 나서 극장을 나설 때 디오니소스에 대한 이해를 묻는다면, 이것이야말로 본질적인 대화를 가능하게 해준다. 밟히고 밟혀 길이 되고, 쌓이고 쌓여 탑이 된 것이 선구자의 작품이다. 거울 앞에 서서 '나'라는 자아 뒤에 은폐된 운명을 보았는가? 지천명에 도달했는가? 대답은 스스로 책임져야 한다.

모든 비극 축제는 디오니소스 축제였다. 눈물을 쏟아놓는 이야기지만, 그런 이야기로 인해 축제가 가능해진다. 비극으로 축제를 벌였다는 그 수수께끼 같은 현상부터 주목해야 한다. 슬픈 이야기가 축제의 근원이 되었다. '고통이 즐거움의 원인이 된다'는 말에 마음의 문을 열어야 한다. '카타르시스는 동정과 공포를 통해서 실현된다'는 말에 귀를 열어야 한다.

디오니소스, 이 이름을 붙들고 오열하는 순간을 준비해야 한다. 아무리 눈물이 앞을 가려도 독서가 끝나는 그 순간까지 눈에서 떼어서는 안 된다. 니체, 차라투스트라, 디오니소스, 니므롯 등으로 이어지는 일련의 고리들을 쇠사슬이 되게 해야 한다. 그런 다음 구속의 쇠사슬을 끊고 나면 해방이 주어질 것이다. 운명을 극복하고 나면 새로운 운명이 주어질 것이다.

보이지 않던 길이 보이는가?

이성은 길을 찾게 한다. 길이 없던 곳에서 길을 묻게 한다. 무엇이 길일까? 보이지 않던 길이 보일 때까지 이성은 불을 밝혀야 한다. '길을 보았는가?'라는 질문이 형이상학으로 치솟을 때까지 계속 되물어야 한다. 이성을 위해, 이성과 싸우면서 니체의 정신은 구현된다. 마치 모든 것을 불사르면서 탄생하는 불사조처럼, 새로운 새가 깨달음을 입에 물고 돌아올 것이다.

디오니소스의 새가 들려주는 소리는 '즐겁게 유혹하는 소리'이다. 유혹을 에덴동산의 뱀의 소리로만 해석하지 않았으면 좋겠다. 유혹에도 좋은 유혹이 있다. "이런 점들 때문에 차라투스트라는 유혹자가 아닐까?"(이 사람) 차라투스트라의 치명적인 유혹에 빠져보자. 손해볼 것은 없다. 새로운 신세계를 경험해보는 것은 오히려 힘이 될 것이다. 믿고 따라가야 한다.

아니, 이렇게 이해해도 된다. 유혹은 악마의 짓거리지만, 그 짓은 오로지 에덴동산에서만 가능하다고. 신의 동산에서만 최고의 유혹을 받을 수 있다고. 선악의 구별이 허락되지 않았던 신의 동산에서 유혹을 받아보는 것도 좋은 일이다. 그런 유혹에 빠지면 디오니소스 축제에 빠질 수 있기 때문이다. 디오니소스를 믿고, 그의 유혹에 빠져보는 용기가 필요하다.

길이 있다. 길은 실존의 문제가 된다. 그 길은 디오니소스의 새가 가르쳐줄 것이다. 디오니소스의 새를 앞세우고서 뒤를 따라가보면, 그가 보여주는 길이 무엇인지를 알게 될 것이다. 보이지 않는 긴 행렬에 동참하는 마음도 가져야 한다. 그들이 불러대는 찬송가에 귀를 열면 들리지 않던 소리가 들려올 것이다. 그런 소리에 놀라지 않을 만큼 강해져야 한다.

받으려면 우선 배우려는 마음부터 가져야 한다. 길을 물을 용기도 필요하지만, 그 길에 머무르려는 고집도 필요하다. 그 길이 사막에 있다고 해도 마다하지 않아야 한다. 모든 것을 파괴하는 곳이라 해도 겁먹지 말아야 한다. 죽음이 곁에서 위협해도 두려워해서는 안 된다. 살고 싶으면 목숨을 걸어야 한다. 인생에는 공짜가 없기 때문이다.

바다를 항해하는
정신의 비행사들

우리는 정신의 비행사들! — 멀리, 가장 먼 곳까지 날아가는 이 모든 대담한 새들. 이들은 더 이상 날아갈 수 없게 되어 돛이나 황량한 절벽 위에 내려앉을 것이 분명하다! 하지만 이 비참한 숙소에 대해서도 진심으로 감사해하리라! (아침)

사막에 버금가는 니체의 또 다른 비유가 있다면, 그것은 바다이다. 니체는 사막에서 일어날 수 있는 일들을 바다에서도 벌어지게 해놓았다. 사막과 바다의 공통점은 물 한 방울 얻을 수 없다는 것이다. 물이 없으니 갈증도 날 것이다. 타는 목마름으로 현실을 버텨야 하는 지경이 펼쳐지고 있는 것이다.

니체에게 바다는 언제나 인간에 대한 비유가 된다. "이 바다를 향해 황금 낚싯줄을 던지고는 나 말한다. '열려라, 너 인간의 심연이여!'"(차라) 니체는 바다에서 기대할 수 있는 것을 '인간의 심연이 열리는 것'으로 설명한다. 바다는 심연으로 이어지고, 그 심연은 인간의 본질로 연결되기 때문이다.

우리는 정신의 비행사들이다

니체가 '우리'라는 말을 할 때는 자신의 생각에 공감하고 동참하는 자들을 의미한다. 우리는 정신의 비행사들이다. 우리는 정신으로 비행을 일삼는 자들이다. 우리는 '멀리, 가장 먼 곳까지 날아가는 이 모든 대담한 새들'에 해당한다. 어디까지 가보았는가? 무슨 생각까지 해보았는가? 생각하지 말아야 할 것까지 생각해보았는가? 그 금단의 영역까지 생각 속에 담아보았는가?

대담한 새들! 이들이 니체가 자기 곁에 두고 싶은 자들이다. 그는 심연을 두려워하지 않는 자들과 함께 있고 싶은 것이다. 이들과 함께 새로운 세상을 펼치고 싶은 것이다. 새로운 신의 나라, 새로운 천국을 만들고 싶은 것이다. 자기 자신을 위해 새로운 하늘을 만들 수 있는가? "내가 사는 것은, 다만, / 잃은 것을 찾는 까닭입니다."[5] 이런 말을 들을 수 있는 귀라면, 니체의 말을 들으면서도 모든 것을 끌어안을 수 있을 것이다.

나라를 잃은 정신이나 자기 자신을 상실한 자는 끊임없이 떠난다. 떠나면서 새로운 조국을, 또 새로운 자기 자신을 찾아 헤맨다. 떠날 때는 미련이 없어야 하고, 돌아올 때는 과감해야 한다. 죽일 때는 용기를 내야 하고, 살릴 때는 온갖 기술과 지혜를 동원해야 한다. 사는 데도 기술과 지혜가 필요하듯이, 생각으로 살아야 하는 삶에도 기술과 지혜가 필요하다.

생각의 영역에서 필요성을 느낄 정도가 되면 문학도, 철학도, 신학도 온통 도움의 손길을 내밀 것이다. 무엇을 잡아도 지혜를 안겨줄 것이다. 르네상스의 천재 화가 미켈란젤로의 〈아담의 창조〉라는 그림에서처럼 신은 인간을 향해, 그리고 인간은 신을 향해 거침없이 손을 내밀 것이다. 인간을 향해 내미는 손에 대한 그런 인식에 의해 르네상스가 탄생한 것이다.

운명을 받아들이고 사랑해주는 수밖에!

새들은 비행사들이다. '가장 먼 곳까지' 날아가는 새들이다. '더 이상 날아갈 수 없게' 되었을 때, 그들은 한계에 도달할 것이다. 더 이상 어쩔 수 없는 지경이 펼쳐질 것이다. 아무리 버티고, 또 버텨도 결국에는 비상을 포기하고 내려앉아야 할 때가 올 것이다. 그때 내려앉아야 할 그 자리는 운명이 가르쳐줄 것이다. 내가 나를 아는 지경이 펼쳐질 것이다.

운명과 직면할 때는 울어도 안 된다. 안 되는 것은 안 된다. 무슨 짓을 해도 할 수 없는 것은 할 수 없다. 그것이 운명을 규정해준다. 그 운명이 한계를 알게 해준다. 물론 운명이 아니라면 그것을 뒤에 두고 날아가면 된다. 이때는 미련도, 아쉬움도, 양심의 가책도 필요 없다. 아직 가장 먼 곳이 아니라는 인식이 들면, 정신은 늘 떠남을 실천하며 날아가면 된다.

그러나 운명이 인식될 때는, 그 운명이 아무리 비참해도 감사하며 끌어안아줘야 한다. 그것만이 인간적인 해결책이다. 신에게는 존재하지 않는 것이 운명이다. 신에게는 물어볼 수 없는 것이 운명이다. 그에게는 한계가 없기 때문이다. 그는 전지전능할 뿐만 아니라 영원 그 자체이다. 하지만 인간은 다르다. 인간에겐 어쩔 수 없는 지경이 있다.

여정의 마지막 지점이 아무리 초라해도 자기 삶이 도달한 곳이다. 자기 자신이 마지막을 맞이해야 하는 곳이다. 자기가 자신을 위해 축제의 현장으로 만들어줘야 할 곳이다. 그곳에 당도하면 마지막으로 사랑을 실천해야 한다. 그때는 운명을 받아들이고 사랑해주는 수밖에 없기 때문이다. 그것이 '아모르 파티Amor fati', 즉 '운명을 사랑하라'는 말의 속뜻이다.

길이 있어도 길이 아닌
미궁 속에서 길을 찾기

이 미궁 속에서는 어디에 아리아드네의 실이 있는가? (반시대)

사막과 바다와 어울릴 수 있는 또 다른 문제 상황으로 니체는 자주 미궁을 이야기한다. 미궁은 그리스어로 라비린토스labúrinthos를 번역한 말인데 미로라고 번역해도 된다. 미궁이 되었든, 미로가 되었든 공통적인 것은 길에 대한 고민으로 얽힌다. 길이 있어도 길이 아닌 그런 현상을 두고 미궁이라고 말한다.

길이 있지만 그것은 출구를 향하게 하지 않고 오히려 막다른 골목으로 이끌 뿐이다. 그것이 미궁에 빠진 경우이다. 신화에서는 미궁에 빠져도 나올 수 있는 길을 가르쳐주는 인물로 아리아드네라는 여인을 언급한다. 그녀는 테세우스가 미궁으로 들어갈 때 실을 붙들고 들어가라고 조언을 했다. 실을 놓치면 되돌아 나올 수 없기에 실은 생명줄이나 다름없다.

미궁이 자기 자신이라면 돌아설 수도 없다. 자기가 자신을 무시하고 돌아설 수는 없기 때문이다. 자기도 자신을 찾아 떠나야 하고, 또 자신도 자기를 찾아 떠나야 한다. 그러나 자기 안으로 들어갈 때는 목숨을 걸어야 한다. 미궁 속에는 괴물이 있기 때문이다. 미노타우로 스라는 괴물이. 그런데 그 괴물도 결국에는 자기 자신의 분신에 지나 지 않는다.

미궁 속에 실이 있고, 길이 있다

자기가 자기 안에서 괴물인 또 다른 자기와 싸워 이기고, 자기는 다시 자기 안에서 밖으로 돌아 나와야 한다. 괴물을 찾아가는 것도 어려운 일이고, 그와 목숨을 걸고 싸우는 일도 어려운 일이며, 마침 내 승리를 거둔 후 다시 출구를 찾아 되돌아 나오는 것도 어려운 일 이다. 뭐 하나 쉬운 일이 없다. 하지만 살고 싶으면 이 어려운 일을 마 다하지 말아야 한다.

미궁 속에 실이 있다. 실이 있음을 믿어야 한다. 미궁 속에 길이 있 다. 이 또한 굳건한 믿음으로 대해야 한다. 내 안에 미궁이 있다. 내 안에 길이 아닌 길도 있고, 내 안에 나를 죽일 수 있는 또 다른 내가 있으며, 그를 죽인 후에 나는 다시 나를 빠져나와야 한다. 내가 나를 벗어나야 한다. 내가 나를 벗어날 때 마침내 신명神明 나게 춤도 출 수 있을 것이다.

길이 아닌 곳에서도 길을 찾아 기어코 밖에 나온 나는, 나를 향해 이렇게 말을 할 수 있게 된다. '너는 죽었다!'고. 그때 너는 나도 되고, 괴물도 되며, 신도 된다. 내가 어떤 존재로 인식되든 상관하지 말아야 한다.

내가 나의 구원자가 될 수 있다. 아니, 나의 구원자가 되어야 마땅하다. 모든 개인은 혼자가 된 자신을 구원해 무한한 자연 속에 풀어놓아야 한다.

내 안의 미궁 속에 빠진 정신은 자신의 인생을 허무하다고 말하는 실수를 저지를 수 있다. 그런 정신은 고통을 당해도 그 원인을 알지 못한다. 원인을 모르고 당하는 고통이 인생을 허무하게 만든다. 자기가 아닌 자기 속에 빠져 길을 잃는 것보다 더 끔찍한 일은 없다. 자기가 아닌 자기는 괴물이다. 어려운 일이지만, 그런 괴물은 반드시 찾아가서 죽여야 한다.

자기를 죽이고 자기를 살리는 자가 초인이다. 자신의 시신을 땅에 묻고 무덤을 만든 후 예의를 갖춰 제사를 지내주면 된다. 자기를 희생시키지만, 그런 희생을 통해 자신은 되살아날 뿐이다. 이름이 가짜라면 우리의 시인 윤동주처럼 그 이름을 위한 무덤을 만들어주고 "내 이름자를 써보고, / 흙으로 덮어버리었습니다"[6] 하고 당당하게 말을 하면 될 일이다.

자기 자신과 싸울 줄 아는 정신이 요구된다

내 안에 실이 있다. 내 안에 길이 있다. 내 안에 답이 있다. 내 안에 꿈과 희망이 있다. 나 자신이 미궁일지언정 두려워할 일이 못 된다. 그런 미궁 따위는 길을 찾아 되돌아 나오면 된다. 실을 붙들고 버텨주는 것이 관건이다. 정신 줄을 붙들고 정신을 똑바로 차려야 한다.

조금씩 들어갈 때마다, 갈림길을 마주할 때마다, 뒤를 돌아보며 되돌아 나가야 할 길목을 기억해두는 것도 좋다. 들어간 그 발걸음만큼 다시 밖을 향해 내딛어야 할 것이기 때문이다.

실을 보았는가? 그리고 그 실이 있는 미궁을 보았는가? 자기를 가두고 있는 '길이 없는 길'을 보았는가? '길이 아닌 길'을 길이라고 우기는 그 알량한 정신을 보았는가? 우리는 자신을 앞에 두고서 이런 질문으로 자기를 치열하게 추궁해야 한다. '나는 누구인가?'

자기 안에 안주하는 게으른 자는 니체의 독자가 될 수 없다. 인간다운 인간이 되기 위해서는 먼저 자기 자신과 싸울 줄 아는 정신이 요구된다. 우리의 주제인 괜찮은 어른이 되는 것도 결국에는 자기 자신과 싸워 이겨낸 정신을 두고 하는 말에 지나지 않는다.

괜찮은 어른이 되고 싶은가? 그렇다면 가슴에 손을 얹고 스스로 물어봐야 한다. 나는 지금까지 얼마나 많은 나를 극복해 여기까지 왔는지를. 나는 얼마나 많은 나를 죽이고 나서 승전가를 불렀는가를.

나는 불꽃이다,
나는 불꽃임에 틀림없다

〈이 사람을 보라〉

그렇다! 나는 내가 어디서 왔는지 안다!
불꽃처럼 탐욕스럽게
작열하며 나를 먹어치운다
빛이 된다, 내가 손대는 것은 모두
숯이 된다, 내가 버리는 것은 모두
나는 불꽃임에 틀림없다 (즐거운)

사람이지만 사람이 아니다. 이런 논리가 니체의 글을 읽을 때 이해되어야 한다. 반전이 곳곳에 스며있다. '이 사람을 보라'라고 말한 주인공은 빌라도이다. 이것은 그가 유대인들 앞에서 예수를 가리키며 한 말이다. 그런데 예수는 누구나 다 아는 신이다. 신을 지칭하는 이 말을 니체는 시의 형식 속에 옮겨 놓는다. 시적 자아는 자신을 신으로 지칭하고 있는 셈이다.

"이 사람을 보라"라고 말하는 자는 시적 자아이다. 하지만 늘 그렇듯이 그 자아는 곧 니체 자신을 말하기도 한다. 우리가 『차라투스트라는 이렇게 말했다』에서 한 말들을 니체의 말로 인정하고 읽는 것과 같은 논리이다. 마찬가지로 니체는 자서전을 써놓고서 '이 사람을 보라'라는 제목을 선사해주었다. 자기 자신의 이야기를 펼쳐놓고서 '신을 보라'라는 식으로 말을 해놓은 것이다. 니체에게 있어서 '사람을 보라'는 '신을 보라'와 같은 말이 된다.

니체의 글 속에서 '이 사람을 보라'라는 말은 양파의 껍질처럼 겹겹이 싸여 있는 신비로움을 자아낸다. 결국 우리는 '신을 보았는가?'라는 형이상학적 질문에 대답을 해야 하는 입장에 놓이게 된다. 니체는 신이 된 철학자이다. 신이 된 사람이 자기를 죽이며 살아간다. 그것이 신이 된 사람의 운명이다. 우리는 그런 신을 봐야 하는 입장에 놓인 것이다.

항상 넘어설 준비를 갖추고 있는 사람

'나'는 탐욕스러운 존재이다. 나는 나를 먹어치운다. 나는 나를 먹고 사는 존재이다. 나는 불꽃이다. 나는 확신에 차 있다. 어떤 흔들림도 없다. 그의 인식에는 견고함까지 읽힌다. 나를 태우는 것도 나요, 나를 빛나게 하는 것도 나다. 나를 불 속으로 끌고 들어가는 것도 나요, 나를 태워 불꽃으로 피어오르게 하는 것도 나다. 다시 말해 내가 살려면 나를 죽여야 한다.

초인은 위버멘시Übermensch를 번역한 독일어로, 늘 극복하는 지경에 처해 있는 존재의 형식을 두고 한 말에 지나지 않는다. 항상 넘어설 준비를 갖추고 있는 사람이라고 할까. 초인은 기독교의 신처럼 특정 인격을 갖춘 존재 혹은 어떤 결정체로 굳어진 존재를 의미한다. 언제나 변하고 있는 존재의 형식을 인정할 수만 있다면, 니체가 말하는 신의 존재도 이해의 영역으로 끌어들일 수 있을 것이다.

사람은 신이다. 이 공식은 이미 포이어바흐와 키르케고르에 의해서 지속적으로 언급된 이야기다. 이런 공식을 말한 것이 니체가 처음은 아니라는 얘기이다. 다만 니체는 '신은 죽었다!'라고 말하는 파격을 선보였을 뿐이다. 니체는 과감했다. 그는 키르케고르처럼 가명을 써가며 소극적으로 집필활동을 하지도 않았고, 포이어바흐처럼 기독교의 교리에 맞서기 위해 교리를 끊임없이 꺼내들지도 않았다. 니체는 그럴 필요성을 느끼지 못한 것이다.

니체는 자기가 하는 말에만 집중했다. 그는 오로지 말을 만드는 데에만 몰두했다. 그래서 그는 끊임없이 '나를 이해했는가?'라는 질문을 반복했던 것이다. 신이 된 철학자의 자서전 『이 사람을 보라』를 마감하는 구절은 이렇다. "나를 이해했는가? ─ 디오니소스 대 십자가에 못 박힌 자…." 대립의 형식이 초인의 것이다. 선과 악이 공존하는 그 형식이 니체의 것이다. 니체는 '디오니소스'도 되고, 동시에 '십자가에 못 박힌 자'도 된다.

신이 된 철학자 니체가 선보이는 대립의 형식은 새로운 에덴동산을 연출해낸다. 그의 동산에도 선과 악이 공존한다. 디오니소스와 십자가에 못 박힌 자가 함께 있다. 누가 선이고 누가 악일까? 상관없다. 디오니소스가 선일 수도 있고, 악일 수도 있다. 반대로 십자가에 못 박힌 자가 선일 수도 있고, 악일 수도 있다. 둘은 대립하면서도 공존하고 있다는 것이 새로울 뿐이다. 둘은 인간이라는 본질을 드러내는 두 개의 얼굴이 될 뿐이다.

이미 언급했듯이, 디오니소스는 첫 작품에서부터 언급되는 철학적 비유이다. 니체는 디오니소스를 동경했고, 그에게서 철학적 이념을 배웠다. "나는 철학자 디오니소스의 제자이다. 나는 성자보다는 사티로스가 되기를 바란다."(이 사람) 니체의 스승은 디오니소스라는 관계가 형성된다. 스승과 제자의 관계에 대한 이해는 학문의 계보를 이해하는 데 큰 도움이 된다.

자기를 버리고 자기를 획득한 자의 선포

다시 앞의 시로 시선을 돌리자. 나는 나를 먹어치운다. 내가 나의 먹잇감이다. 내가 살찌고, 내가 배부름에 이르려면 나를 먹어 소화시켜야 한다는 숙제가 주어진다. 나를 입안에 넣고 씹는 일도 만만찮고, 그것을 삼켜 소화시키는 것도 쉽지 않다. 그래도 해야 한다. 초인이 되고 싶다면, 자기를 뛰어넘고 싶다면, 그래서 결국에는 어른이 되고 싶다면!

내가 나를 먹고 소화시킨 결과는 '빛이 된다'는 말 속에 녹아 있다. 내가 나를 빛의 형식으로 바꿔놓는 것이 곧 '현상'이다. 현상은 쇼펜하우어에서부터 인문학적으로 전개되었다. 쇼펜하우어는 자신의 대표작 『의지와 표상으로서의 세계』를 "세계는 나의 표상이다" 라는 말과 함께 시작했고, 또 "이 세계는 모든 태양이나 은하수와 더불어 — 무인 것이다"로 마감했다.

표상은 나의 것이다. 내 안에서 형성되는 것이 표상이다. 그런데 그런 표상이 세계인 한, 그 세계는 그저 무에 불과할 뿐이다. 세계 전체가 모든 태양과 은하수와 더불어 아무것도 아닌 것이 되고 말지만, 그런 지경에서도 그것을 바라보고 있는 인식의 주체가 있다. 그것을 바라보는 눈이 있다. 그 눈을 뭐라고 말해야 할까? 그 눈을 가진 자를 뭐라고 불러야 할까?

니체는 1865년에 『의지와 표상으로서의 세계』를 독파해냈다. 그 후 그는 규칙적이고 반복적으로, 또 지속적으로 그 세계를 언급하며 뛰어넘기를 시도했다. 넘으려면 넘을 대상이 필요하듯이, 니체는 쇼펜하우어가 필요했다. 그의 이념 속에서 허무주의라는 이름이 탄생한다. 허무함을 인정하지만, 그 허무함이 오히려 힘을 주는 원인으로 작동하는 것이다.

허무주의는 허무함을 품고서도 허무하지 않을 수 있는 지경을 목표로 한다. 즉 자기 안을 공空과 무無로 채우고서도 상실감에 빠지지 않은 그런 경지를 지향한다. 모든 것을 불태우고서도 모든 것을 다시 생명의 형식으로 얻는 그런 지경이 있다. 생각하는 존재는 생각으로 모든 것을 희생시킬 수 있지만, 생각은 다시 생각으로 스스로를 채울 수도 있는 것이다.

모든 것을 불태운 존재는 숯이 된다. 숯은 다시 불붙을 수 있는 존재이다. 내가 나를 버리지만, 그 버려진 존재는 다시 불이 붙어 나의 빛이라는 현상으로 되살아날 수 있는 존재인 것이다. "나는 불꽃임에 틀림없다." 이것이야말로 니체의 자기를 죽이고 자기를 살리는 자기주장이다. 자기를 버리고 자기를 획득한 자의 선포인 것이다.

선악의 저편으로 불리는
높고 높은 알프스 산골 마을

〈질스마리아〉

여기 앉아 나는 기다리고 또 기다렸다 ― 무$_{無}$를,
선악의 저편에서, 빛을 즐기고
또 그림자를 즐기며, 모든 것은 장난일 뿐
모든 것은 호수이고 정오이고 목표 없는 시간일 뿐.

그때 갑자기, 나의 여인이여, 하나가 둘이 되었다 ―
― 그리고 차라투스트라가 내 곁을 지나갔다…. (즐거운)

이 시는 내가 가장 좋아하는 시라고 자부한다. 여기에는 '무를 기다린다' '선악의 저편' '하나가 둘이 된다' '차라투스트라가 내 곁을 지나간다' 등 수많은 수수께끼 같은 개념들이 단단한 연관의 고리로 형성되어 있다. 이 시는 말 그대로 개념들의 보물창고와 같다. 처음에는 한 가닥의 실인 줄 알고 당겨보지만, 그 실에는 어마어마한 이념의 고래가 끌려 올라오는 현상을 경험하게 된다. 실로 놀라울 따름이다. 이렇게 짧은 시 속에 이토록 거대한 이념을 담을 수 있다는 것이

그저 경이로울 뿐이다.

'저편'은 원래 죽음 이후의 세상, 곧 내세이다. 종교적 개념이다. 내세는 올 래來 자를 써서 앞으로 다가오는 세상을 일컫는다. 그런데 니체는 죽음 이후에 대해서는 관심이 없다. 그가 말하는 저편은 '선악의 저편'이라고 해서 '선악의'라는 수식어가 붙어 있다. 선과 악을 넘어서고 나면 어떤 세상이 펼쳐질까? 선과 악을 자신의 발 아래 두고 나면 어떤 일이 벌어질까?

니체가 말하는 현세는 기독교의 형식이 지배하는 세상이다. 그가 말하는 현세의 현실은 말 그대로 이 세상의 '이편'을 형성하는 이념으로 가득 차 있다. 신은 '이편'에서 선악과를 따먹지 말라고 했다. 선악에 대한 인식은 금지된 것이었다. 그러면서 기독교는 선과 악에 대한 판단 자체를 독점했다. 하지만 니체는 바로 이런 생각의 형식을 넘어서려 한다. 인간의 인식에는 아무 문제없다고 변호하고 싶은 것이다. 기독교의 형식을 넘어서고 난 뒤의 형식이 니체의 것이다.

이 세상에서의 행복한 시간

질스마리아는 알프스 산자락에 있는 시골 마을이다. 거기에 피라미드 모양의 커다란 바위가 실제로 있다. 그곳에 앉아서 기다리다가 니체는 차라투스트라의 영감을 받았다. 기다림의 대상은 무이다. 아무엇도 기다리지 않으면서 기다렸다. 깊은 명상에 빠졌었다고 할까. 다 버리고 떠난 상태라고 할까.

기다림의 열정과 떠남의 열정이 교차하고, 얻음에 대한 열정과 버림에 대한 열정이 교차한다. 다 버리고 아무것도 기다리지 않으면서 기다림에 몰입할 때 어떤 신비로운 일이 벌어진다. 이것은 깊은 잊음의 상태에서 얻어내는 인식이다.

무의 형식은 '선악의 저편'이라는 개념으로 안착한다. 저편은 내세관이지만, 니체의 내세관은 지상천국에 지나지 않는다. 그가 꿈꾸는 세상은 이 세상에서의 행복한 시간이다. 선악의 저편은 이 세상의 원리로 채워져 있고, 거기에서는 모든 것을 무의 형식으로 감싼다.

선악의 저편에서는 모든 것이 무에 지나지 않지만, 그 무가 모든 것을 담아내는 형식이 된다. 아무것도 아닌 것이 아무것도 아닌 것이 아니다. 무가 무가 아닌 것이다. 말은 무라고 말하지만, 그 무가 새로운 세상에 대한 인식을 담아내는 위대한 개념으로 돌변한다.

나는 여기가 좋다. 나는 여기서 기다린다

아무리 말을 해도 들으려 하지 않는 정신이 있다. 기독교의 교리에 갇혀 새로운 천국에 대한 복음소식을 듣지 못하는 정신이 있다. '선악의 저편'은 니체가 말하는 천국이다. 기독교의 형식을 버리고 나면 보이는 천국이다. 선은 좋고 악은 나쁘다는 '배타적 이분법'을 버릴 수만 있으면 보이는 현상이다. 극단적으로 큰 세상, 즉 태극을 채운 것도 음과 양이라는 이분법에 지나지 않지만, 그것은 서로를 위한 조건이 된다. 서로가 서로를 지향하고 품어준다. 이를 두고 나는 '포용적 이분법'이라고 말할 뿐이다.

니체도 니체 나름대로 에덴동산을 꾸미고 있다. 성경 속 에덴동산에도 선과 악이 공존했다. 열매를 따먹을 수 있는 나무도 있었고, 따먹으면 안 되는 나무의 열매도 있었다. 그곳에도 악마의 본색을 숨기고 있는 뱀이 있었다. 참으로 놀라운 현상이다. 신의 동산이지만 그곳에 악도 뱀도 함께 존재했었다는 이야기에서 인식을 구해야 한다. 그런 곳이 에덴동산이라는 이름으로 불리고 있을 뿐이라는 데서 깨달음을 얻어야 한다는 얘기이다.

니체가 말하는 천국에서 그가 보여주는 빛을 보는 것이 관건이다. 선악의 저편에도 빛이 있다. 성경 속 천국에만 빛이 있는 것이 아니다. 니체가 변호하는 이 세상에도 어둠을 밝히는 빛이 있다. 그 빛 때문에 그림자도 즐겁다. 모든 것은 즐거운 장난이고, 놀이의 대상이 된다. 이런 축제가 바로 '여기'에서 실현된다. 나는 여기가 좋다. 나는 여기서 기다린다.

'여기, 이곳'의 모든 것은 '호수'이고, '정오'이고, '목표 없는 시간'일 뿐이다. 여기서는 서두를 필요가 없다. 여기서는 태양이 가장 높은 곳에 있어서 그림자도 가장 작게 드리워지는 정오다. "모든 신은 죽었다. 이제 초인이 등장하기를 우리는 바란다.' 이것이 언젠가 우리가 위대한 정오를 맞이해 갖게 될 최후의 의지가 되기를!"(차라) 신은 죽고 초인은 등장한다.

'그때 갑자기' 새로운 생각이 엄습한다. 늘 인식은 느닷없이 주어진다. 기회는 준비된 자의 것이다. 준비된 자에게 기회가 온다. 기다리지 않는 자에게 인식은 오지 않는다. 타는 목마름으로 기다렸던 자에게만 깨달음은 달콤한 꿀처럼 주어지는 것이다.

"그때 갑자기, 나의 여인이여, 하나가 둘이 되었다." 이 시에서 가장 어렵고 난해한 부분이다. 하지만 가장 강렬한 쾌감을 전하는 구절이기도 하다. 기독교의 신은 둘이 될 수 없지만, 이 세상의 인간은 누구나 자기와 자신이라는 두 개의 존재를 품고 있다. 그렇다면 '여인'은 누구인가? 물론 타인을 지칭할 수도 있겠지만, 그 여인은 나의 또 다른 자아를 탄생시켜준 여성성의 이념으로 받아들이면 된다. 즉 나를 새롭게 낳아준 어머니의 이념으로 이해해주면 된다.

"그리고 차라투스트라가 내 곁을 지나갔다…" 여기서 말하는 '내 곁'은 공간적 개념이기도 하지만, 내 안의 또 다른 공간이라는 의미가 더 크고, 그곳에서 니체는 차라투스트라라 불리는 또 하나의 자아를 발견한다. 니체는 차라투스트라이고, 차라투스트라는 니체이다. 이것이야말로 니체의 철학을 해명하는 최고의 공식이다. 니체가 바로 차라투스트라이다!

Nietzsche

2장

인생과 무게:
짊어질 수 없는 짐은 없다

정신이
짊어져야 할 짐

> 짐깨나 지는 정신은 이처럼 더없이 무거운 짐 모두를 짊어진다. 그러고는
> 마치 짐을 가득 지고 사막을 향해 서둘러 달리는 낙타처럼 그 자신의 사막
> 으로 서둘러 달려간다. (차라)

『차라투스트라는 이렇게 말했다』는 언제부턴가 내 안에 들어앉은 뱀
처럼 똬리를 틀었다. 취사병으로 군대 문제를 해결해야 했을 때도 내
주머니 안에는 늘 이 책이 담겨 있었다. 그 책은 언제나 나를 지켜준
수호천사였다.

어렸을 때는 심심함이 나를 죽이려 했다. 죽지 않으려고 놀았다.
아버지는 공부하러 가고, 어머니는 어디론가 사라졌던 때였다. 형님
들, 누나들도 모두 놀러 나간 날이었다. 혼자가 되었던 그날은 아직
도 기억 속에 생생하게 살아 있다. 믿어줄지 모르지만, 그날 내 마음
속에 떠오른 말이 이것이었다. '사막 같은 현실'이라는 말이.

언제 어디서 사막 사진을 보았는지는 기억나지 않는다. 막내 형이
사막에 대한 이야기를 실감나게 해주었던 기억만 남아 있다. 물 한

방울도 없는 곳, 사람은 도저히 살 수 없는 곳, 뜨거운 태양을 피할 수 없는 곳, 가끔 뱀이나 전갈이 나타나 사람을 죽일 수도 있는 곳 등 온갖 위험한 상황을 설명해주었다.

이토록 위험한 '사막 같은 현실'은 나의 문제이다. 나의 현실은 아버지나 어머니, 형님이나 누님들에 의해 결정된 것이 아니다. 현실은 내가 감당해야 할 나의 문제라는 사실 앞에서 인식이 올 때까지 머물러 있어야 한다. 현실 속에서 현실 때문에 삶이 휘둘리는 일은 없어야 하기 때문이다.

삶의 문제는 사는 것이지 죽는 것이 아니다

사람은 살아야 한다. 삶의 문제는 사는 것이지 죽는 것이 아니다. 나무가 다양한 계절을 견디면서 나이테를 만들며 살아가듯이, 그렇게 사람도 다양한 상황과 환경 속에서 내면에 상처를 품고 살아가야 한다. 니체는 사람의 변화를 '낙타의 단계, 사자의 단계, 어린아이의 단계', 이렇게 3단계로 설명했다. 사람은 제일 먼저 낙타가 되어야 한다.

외운 것도 없으면서 잊겠다고 하고, 짊어진 짐도 없으면서 짐을 벗어던지겠다고 하며, 정이 든 적도 없으면서 정 떼기를 하겠다는 식의 발언들은 모두 자기모순에 빠진 정신들에 기인한다. 하나의 생각에 갇힐 때, 정신은 정신이기를 포기한다. 말도 안 되는 말을 하면서도 자신의 말에 긍지를 갖는 정신은 이때 탄생한다.

"허물을 벗을 수 없는 뱀은 죽는다. 자신의 의견을 바꾸는 것을 방해하는 정신들도 마찬가지다. 그것들은 정신이기를 그만두고자 하기 때문이다."(아침) "하나의 신상에 깔려 죽는 일이 없도록 주의하라!"(이 사람) 니체 책 속의 이런 문장들을 외우면서 니체가 가르치고자 하는 정신의 면모를 깨달아야 한다. 극복이 필요한 정신이 무엇인지를 인식해야 한다.

'하나'는 다른 것들을 전제하는 개념이다. 마찬가지로 '하나의 신상'은 다른 여러 신상들을 전제하는 개념이 된다. 어떤 신상까지 숭배해보았는가? 어떤 신상까지 마음에 품어보았는가? 생각으로 품어야 할 대상은 상상을 초월한다. 정신으로 짊어져야 할 짐에 대한 비유도 내용을 두고 보면 끝도 없이 펼쳐진다. 한계가 있는데, 그 한계가 끝도 없다.

"삶은 견뎌내기 힘들다. 그러나 그토록 연약한 언동을 삼가라! 우리 모두는 짐깨나 질 수 있는 귀여운 암수 나귀가 아닌가."(차라) 할 수 있으면서도 할 수 없다고 말하는 것은 엄살에 해당한다. 눈물도 흘리지 않으면서 울고 싶다고 말하는 것이나, 죽을 마음도 없으면서 죽고 싶다고 말하는 정신은 모두 한결같이 연약한 언동에 지나지 않는다.

낙타의 정신으로 그 시간을 견뎌야 한다

'불가능은 없다'는 말이 있다. 누구는 『선악의 저편』을 읽으며 도저히 이해할 수가 없다고 불평을 늘어놓기도 하고, 누구는 『이 사람을 보라』를 읽으며 아무것도 납득할 수가 없다고 자포자기에 빠지기도 한다. 그러나 아무리 니체의 책을 이해할 수 없는 대상으로 평가해도 그의 책들은 이미 별이 된 불후의 명작들로 꼽히고 있다.

니체의 글들을 읽으며 어렵다고 말하는 정신들의 속내는 한결같다. 중세 기독교가 전한 천국이 보이지 않아서다. 그들만의 구원이 주어지지 않아서다. 그래서 도저히 감당할 수 없는 지경에 처하고 만 것이다. 니체는 천국이나 구원이라는 말 자체를 부정한 것이 아니라, 그 말을 가지고 전혀 다른 이야기를 들려주고 있을 뿐이다.

사막은 어디에나 있다. 지금 있는 바로 이곳이 사막이 될 수도 있다. '자신의 사막'을 생각해내는 것은 자기 몫이다. 어떤 사막까지 생각해보았는가? 어떤 사막까지 가보았는가? 어떤 사막까지 품어보았는가? 그것이 어떤 종류의 사막이 되었든 간에, 사람은 낙타가 되어 그 사막 같은 현실을 건너가야 한다. 낙타의 정신으로 그 시간을 견뎌야 하는 것이다.

자기 자신을 사막으로 내모는 그 가혹한 정신만이 사막을 경험할 것이다. '짐깨나 지는 정신'에 짊어질 수 없는 짐은 없다. 아무리 무거운 짐이라 해도 마다하지 않고 짊어지는 정신이 운명을 깨닫게 될 것이다. 짐을 지고 낙타는 자신의 사막을 향해 서둘러 달려간다. 그의 서두름은 낙타의 속도가 된다. 낙타의 뜨거운 열정이 사막의 열기를 압도한다.

사실 낙타는 느긋하게 걷고 있을 뿐이다. 이는 마치 달팽이가 부지런히 달려가는 현상처럼 읽힌다. 자신의 속도에 맞춰 멈춤 없이 달려가는 부지런함의 현상이라고 할까. 굳센 다리로 서고, 버티고, 걷고, 달리는 그 현상을 니체는 낙타로 비유하며 설명했다.

"나의 형제들이여, 그대들의 가슴을 들어 올려라, 높이, 더 높이! 그리고 다리도 잊지 말아라! 그대들의 다리도 들어 올려라, 그대들, 춤을 멋지게 추는 자들이여, 그대들이 물구나무를 선다면 더욱 좋으리라!"(비극) 니체는 늘 한결같다. 그가 한 말을 스스로 입에 담아보고, 그가 생각하는 사막을 생각해내며, 그 사막에서 걷고 있는 굳센 다리를 떠올릴 줄 알아야 한다.

힘으로 합쳐지는
근력과 정신력의 공통점

건강을 위해 가끔 무겁게 짓누르는 짐이 필요하다. (인간)

강원도 태백으로 강의를 하러 간 적이 있다. 한 번 가면 2~3일씩 그곳에 머물러야 하기 때문에 떠나기 전부터 해야 할 일들을 무리하게 앞당겨 해놓고 있었다. 그래서 책상 앞에 앉아 있는 시간이 많아졌고, 고관절에 무리가 갔다. 고관절 근육이 말썽을 피운 것이다. 그래도 약속한 것을 지키기 위해 태백으로 향했고, 내 강의가 없는 시간에는 다른 선생님들의 수업을 참관하기도 했다. 국악을 가르치는 선생님의 수업을 들었다. 책상다리를 하고 바닥에 앉는 것이 고관절에 큰 무리를 주었다. 경직되는 근육이 감지되었다.

　몇 년이 지난 뒤에 나의 증상을 두고서 고관절 오십견이라 부르는 사실을 알게 되었다. 고관절 오십견이 오면 걷는 것도 쉽지 않다. 겨우겨우 한 걸음씩 내디딜 수 있을 뿐이다. 고관절에서 시작해 무릎으로 이어지는 근육이 나무토막처럼 경직되면 고통은 극단에 이르고 만다. 근육은 부드러워야 하는데, 그렇지 못할 때 모든 움직임은 거의 불가능을 인식하게 한다. '할 수 없다!'는 말과 함께 한계에 직면하는 것이다. 하지만 그게 끝이 아니라면 멈출 수도 없다. 멈출 수 없다면 걸어야 한다.

정신에도 힘이 있다

힘은 강해질 수 있다. 힘 력ﾉﾉ 자는 구부러진 형태를 취하고 있다. 구부리는 것도, 펴는 것도 모두 힘이 필요하다. 두 가지 서로 다른 힘이 균형을 잡아줄 때 유연한 움직임이 탄생한다. 움직임은 반복 훈련을 통해 섬세해지고 민첩해지며 강력해진다.

그런데 정신에도 힘이 있고, 근육이 있다. 정신이 강한 사람일수록 생각이 유연하다. 생각이 어느 하나에 얽매이지 않는 것이 강한 정신의 특징이다. 고집이 강한 사람은 자기만 생각하는 초라한 정신세계를 보여주고 증명할 뿐이다.

정신력이라는 말이 의미하는 것은 분명하다. 다양한 생각이 가능한 것을 의미한다. 정신도 구부릴 수 있고, 또한 펼 수도 있다. 정신이 구부릴 수 있는 것은 과연 무엇일까? 이것은 활의 시위를 당길 때 그 팽팽해진 줄에 걸려 있는 화살의 운명을 비교하며 생각해도 좋다. 당겨짐이 강할수록 화살이 날아갈 곳 또한 멀어질 것이다.

구부림이 강할수록 폄도 강해질 것이며, 뒤로 물러선 만큼 앞으로 나아갈 것이다. 그네는 앞으로 전진하는 듯하지만 곧 뒤로 물러서는데, 앞으로 간 만큼 뒤로 물러서는 것이다. 이렇듯 가고 싶은 만큼 뒤로 물러날 줄도 알아야 하며, 얻고 싶은 만큼 주는 것도 있어야 한다. 아름다운 인생은 언제나 균형을 이룰 때 실현되는 것이다.

베풀지 않고 얻고자 한다면 그야말로 이기적인 것이다. 이기적인 마음으로 친구를 얻을 수는 없다. 마음을 줘야 할 때는 무슨 일이 있어도 아름다운 마음을 줘야 한다. 그런 마음이 공허했던 타인의 마음조차 가득 채우기도 한다.

타인의 마음을 채운 마음이 신의 신성神聖을 깨닫게 해준다. 그런 마음이 사랑의 쾌감을 알게 해준다. 마음은 주는 것도 문제고, 타인의 마음을 받아들이는 것도 문제이다. 인간의 마음은 놓아줄 때 날개를 달고 돌아오며, 풀어놓은 마음이 자유를 경험하게 해준다. 건강한 마음이 건강한 마음을 만날 때 신명 나게 춤을 출 수 있는 지경도 펼쳐진다. 우리는 이를 두고 사랑이라는 형이상학적 개념으로 말을 하고 있을 뿐이다.

쇠를 구부릴 수 있는 힘은 다른 곳에서도 그만한 힘을 발휘해줄 것이다. 정신의 영역에서도 힘이 있는 만큼 사물을 구부려줄 것이다. 보통 사람들은 상상도 못하는 것을 정신이 강한 사람은 생각해낼 것이다. 도대체 무슨 생각까지 해보았는가?

마음의 일에서도 거리가 요구된다

생각은 늘 자유로우며 한계가 없다. 생각이 가보지 못한 곳은 있을
수 있어도, 생각이 갈 수 없는 곳은 존재하지 않는다. 정신이 흐리멍
덩해질 때는 눈을 감고 명상을 해보는 것도 좋다. 헷갈릴 때는 먼 곳
을 바라보는 것도 좋다. 힘들 때는 지금 하고 있는 그 생각조차 일정
거리를 두고 살펴봐야 할 것이다.

너무 가까이 다가가서 보아도 안 되고, 너무 멀리 떨어져서 보아도
안 된다. 너무 심각해도 안 되고, 너무 무심해도 안 된다. 마음의 일에
서도 거리가 요구된다. 이런 마음의 거리에 대한 감각은 모두 내면의
일이다.

또한 마음이 책임질 수 있는 짐이 있다. 누구에게나 다른 짐이 있
고, 누구에게나 다른 운명이 주어져 있으며, 누구에게나 자기 자신의
한계가 있다. 인생 자체가 짐이지만, 그것 자체가 문제가 되는 것이
아니라, 그것을 감당하는 힘이 문제가 된다. 세계가 문제가 아니라,
그 세계를 바라보는 눈이 문제이다. 자연이 문제가 아니라, 그 자연
을 대하는 자신이 문제이다.

삶의 짐은 다양하다. 누구에게는 한없이 쉬운 일이 누구에게는 한
없이 어렵다는 것이 문제이다. 누구는 사랑을 잃었다고 정신 줄을 놓
고, 누구는 새로운 사랑을 찾아 떠나며 위대한 순간을 스스로 연출해
낸다. 건강의 문제도 그렇다. 누구는 이 정도로도 건강해졌다고 말하

지만, 누구는 그 정도로 만족하지 않고 더 강해지려 애를 쓰기도 한다. 인생의 짐은 자기가 짊어져야 할 대상이다. 그 짐의 크기는 자기 자신에 의해 결정될 뿐이다.

힘은 강해질 수 있다. 하지만 한꺼번에 강해지지는 않는다. 이 세상에서는 믿음의 논리가 중요한 것이 아니라, 그 믿음을 규칙적이며 반복적으로 그리고 지속적으로 꺼내들고 주목하며 활용하는 것이 중요하다. 그때 그 믿음은 태양처럼 빛을 발하게 된다.

오늘부터 '천천히!'라는 말을 좌우명으로 삼아도 좋겠다. 조금씩 무게를 늘려가며 힘을 키우면 된다. 항상 한계에 도전한다는 마음으로 자신에게 도전장을 내밀어야 한다. 자기와의 싸움은 세상에서 가장 치열한 싸움이다.

내 안의 난쟁이들과
천민이라는 짐

많은 짐과 추억이 그대들의 어깨를 짓누르고 있다. 고약한 난쟁이들이 적지 않게 그대들의 몸 구석구석에 쪼그리고 앉아 있다. 그대들 안에도 감추어진 천민이 있는 것이다. (차라)

독일 유학을 마치고 돌아와 대학에서 버는 강사료만으로는 살 수가 없었다. 결국 강남에 있는 독일어 학원에 나가 새벽과 저녁에 규칙적, 반복적, 지속적으로 강의를 했다. 방학 때는 하루 종일 학원 강의에만 전념하기도 했다. 그러다가 정확히 십 년 째가 되던 날, 반성을 했다. 스승이 해준 말도 기억했다. "네가 배운 것을 세상에 알려라!"

그로부터 정확히 십 년이 흐른 뒤, 나는 마침내 결정했다. '이제 그만! 그만하면 충분하다! 이제 배운 것을 가르치고 싶다!' 이런 욕망과 함께 전혀 다른 길을 선택했다. 조그마한 도서관에도 내 책이 있고, 그 책을 읽고 나서 나의 강의를 듣고 싶어 하는 사람들이 있음을 알게 된 것이다.

내 인생에 있어서 유학 이후의 십 년은 알을 형성하는 시기였다.

단 하루도 허투루 보내지 않았다. 매순간 최선을 다했다. 새벽 7시 강의부터 저녁 9시 40분까지 진행되었던 강의 시간을 단 하루도 빠짐없이 지켜냈다. 내 인생에 결석은 없었다. 그 치열함이 나를 키운 것이다.

회화, 문법, 작문 등 다양한 수업을 진행했지만 늘 겉도는 수업 같았다. 대학 수업은 인기가 없으면 도태되는 살벌한 생존 경쟁의 현장이었다. 나는 '연극의 이해' '알프스 지역 전설과 요들송' 등과 같은 강의로 다행히 20년을 버텼다. 그러고 나서 철학을 강의하며 책도 쓰는 작가가 되었다. 내 인생이 또 어떻게 변할지 모르지만, 그저 최선을 다할 뿐이다. 내가 이렇게 변한 것은 인식의 변화 때문이었다. 인식은 반전을 전제한다. '아하!' 하는 인식의 소리는 탄식의 소리가 아니라, 기쁨과 환희의 소리다.

내 안에 난쟁이들이 바글바글거린다

인식이 바뀌면 생각이 바뀌고, 생각이 바뀌면 인식이 바뀐다. 무엇이 먼저라고 단정할 수 없다. 내 안에 난쟁이들이 벌레들처럼 바글바글거린다. 이를 어쩌랴! 누구나 자기 안에 천민을 감추고 있다. 누구나 자신의 어깨를 짓누르는 이 난쟁이들이 문제다. 다 찾아가 반드시 제거해야 할 대상들이다.

66

내 안에서 버티고 있는 난쟁이들과의 한판 승부! 이것은 피할 수 없는 전쟁이다. 가장 처절한 싸움이 될 것이다. 그래도 난쟁이는 결국 난쟁이에 불과하다. 자기 자신과의 싸움이었을 뿐인데, 그 싸움에서 졌다고 울고 있다면 그 패배와 고통은 도대체 누구 책임일까? 상황을 탓해도 안 되고, 세상을 탓해도 안 된다. 대상은 오로지 자기 자신이기 때문이다.

가장 안타까운 사람들은 남을 탓하는 사람들이다. 사람과 사람 사이는 상대성이라는 원리가 작용한다. 사람과 사람의 관계에서는 객관적인 논리가 적용되지 않는다. 셰익스피어의 『한여름밤의 꿈』을 보면 누가 누구를 사랑하는지, 사람들의 마음이 얼마나 복잡한지를 깨닫게 된다. 이런 복잡한 이야기가 근대의 것이다. 그런 것이 르네상스를 실현시켰던 것이다.

지금 우리는 현대를 지나고 있다. 이 시대를 살아가는 현대인도 다시 인간성의 회복이라는 무거운 숙제를 떠안고 있다. 현대인은 눈만 뜨면 돈 벌 생각만 한다. 태어난 존재의 의미가 마치 아파트에서 실현되는 듯이 생각하고, 돈을 많이 벌어야 행복한 것처럼 생각하며, 가진 것은 부족해도 명품은 가져야 하고, 굶어서라도 일을 해야 한다. 이런 생각이 현대인의 것이다. 이제 철학에 도움의 손길을 내밀 때가 된 것이다.

공부도 해야 깨달음이라는 성과를 기대할 수 있다. 자본을 중심으로 해 진행시키는 자본주의에서 벗어나, 자기를 중심으로 해 진행시킬 수 있도록 생각을 바꿔야 한다. 생각이 이렇게 바뀔 때, 르네상스의 이념도 새롭게 보일 것이다.

삶의 짐은 난쟁이들에 불과하다

내 안의 난쟁이들이 나의 어깨를 짓누르고 있다. 이런 인식이 들 때, 세상은 다르게 보인다. 삶의 짐은 난쟁이들에 불과하다. 그 짐은 현실이라는 상황 속에서 형성된 부담감에서 생겨난 인식들이다. 인식도 인식 나름이다. 깨달음도 깨달음 나름이다. 전혀 다른 인식이 가능하다. 생각도 생각 나름이다. 전혀 다른 생각도 가능한 것이다.

세상을 깨고 나면 새로운 세상이 펼쳐질 것이다. 생각 속에 난쟁이들이 존재한다. 그런 난쟁이들을 제거하는 것은 자기 몫이고, 자기 책임이다. 누구에게 대신 싸워 달라고 부탁할 수도 없다. 누구에게 대신 살아 달라고 자기 삶을 떠맡길 수도 없다. 자기 삶은 자기 책임이듯이, 자기 생각도 자기 책임에 지나지 않는다. 자기 삶이 진정한 짐이고, 가장 무거운 짐이다.

아무리 어려운 일도 생각만 달리 하면 너무도 간단한 일이 될 때가 많다. 한쪽 다리를 잘라내어 환상통에 시달리던 사람도 그 정도 상실의 고통은 아무것도 아니라는 인식이 들면 무슨 일이든 할 수 있는 지경이 펼쳐지는 것이다. 아무리 자신이 소중해도 그 신격화된 자기 자신을 죽이고 새로운 자아로 탄생하는 것은 자기 책임일 뿐이다.

자전거 선수에게 다리는 선수의 생명과 직결되는 문제이다. 사람에게 신의 존재는 내세의 삶을 기대할 수 있는 최후의 보루이다. 그래도 버려야 할 때는 과감하게 버릴 줄 알아야 한다. 하나의 생각에 얽매여 스스로 자기 삶을 궁지로 몰고 가는 실수는 저지르지 말아야 한다. 길은 어디에도 있다. 그 길을 걸어가는 자기 자신이 문제일 뿐이다.

자기 안에 천민이 있다. 그 천민을 죽이고 나면 자기 안이 텅 빌 것 같지만, 겁먹지 않아도 된다. 생각지도 못한 생각이 자신의 생각을 책임지며 다시 들어설 것이다. 믿었던 신을 죽여도 상관없다. 진심으로 믿었던 신을 죽이고 나면 모든 것이 끝장날 것 같지만, 두려워하지 않아도 된다. 새로운 신이 등장해 자신의 삶을 이끌어줄 것이기 때문이다.

방랑자가
그의 그림자와 나누는 대화

내 그림자가 나를 부르고 있는 것인가? 하지만 나와 무슨 상관이람! (차라)

내가 고등학생 때였던가, 대학생 때였던가, 니체를 처음 알게 되었던 그 무렵의 어느 날이었다. 방랑자와 그의 그림자가 대화하는 이야기가 읽혔다. 그때부터 수많은 시간을 이런 공식과 형식 속에서 생각을 진행시켰다. 소위 독백의 형식이다. 독백의 형식 속에서 창조가 일어나는 것이다. 자기 삶을 창조적으로 살고 싶으면 독백에 많은 공을 들여야 한다.

성경 속 창조 이야기도 독백 속에서 진행되었다. "땅이 혼돈하고 공허하며 흑암이 깊음 위에 있고 하나님의 영은 수면 위에 운행하시니라."(창세기 1:2) 하나님의 운행이 곧 창조를 실현시켰던 것이다. 깊음 위에 흑암이 있었고, 심연과 같은 그 흑암이 수면이었으며, 그 수면 위에 창조의 영이 운행을 거듭한 결과 창조가 이뤄졌던 것이다.

나의 나는 홀로 길을 걸을 뿐이다

거울을 들여다보면 무엇이 보일까? 자신이 바라보고 있는 그 형상을 신으로 부르든, 자아로 부르든, 뭐라고 이름 붙이든 상관없다. 눈에 보이는 그 무엇은 오로지 자기 자신과 관련하고 있을 뿐이다. 그것이 난쟁이가 될 수도 있고, 신의 형상을 구축할 수도 있다. 난쟁이라면 제거하고 극복하는 것이 관건이고, 신이라면 믿음으로 다가서면 될 일이다.

〈방랑자와 그의 그림자〉 이야기는 『인간적인 너무나 인간적인』에서부터 등장한다. 이 이야기는 니체 철학을 대화의 형식으로 표현해 낸 최고의 글이라고 장담한다.

플라톤도 사실 비극 작가가 되려고 했었다.[8] 하지만 그의 능력은 철학적 대화에서 더 빛났다. 플라톤의 재능을 펼칠 수 있도록 도와준 것은 그의 스승 소크라테스였다. 반면에 니체는 혼자서 공부했고, 혼자서 깨달았으며, 혼자서 철학의 길을 걸어가야 했다. 한때 바그너를 아버지처럼 따랐지만, 결국에는 성배를 지키는 기사 파르지팔을 무대 위에 올려놓는 꼴을 보고 돌아설 수밖에 없었다. 신의 피를 담아 놓았다는 그 잔을 지키는 영웅, 신을 자기 밖에서 찾는 그런 형식 앞에서, 니체는 함께할 수 없는 정신의 세계를 확인했던 것이다.

나는 혼자서 나아갈 뿐이다. 나는 홀로 길을 걸을 뿐이다. 가끔 그림자가 앞설 때도 있지만, 대부분은 그림자가 쫓아온다. 그 말은 태양을 향할 때가 더 많았다는 얘기도 된다. 태양과 마주할 때는 그림자가 자기 뒤에 형성될 것이기 때문이다. 아침놀을 바라볼 때는 그림자의 목소리가 그리 영향을 미치지 못한다.

아침이 되면 그림자가 쫓아와도 기다려줄 수가 없다. 오로지 전진만 고집한다. 그래도 된다. 기다려 달라고 아무리 애원해도 소용없다. 나는 나의 길을 걸어갈 뿐이다.

가끔은 너무 멀리 떨어져서 내가 나를 잃어버릴 때도 있겠지만, 그러면 다시 찾아 나서면 될 일이다. 나는 나 자신을 짊어지고 삶이라는 길고도 긴 길을 지나가야 한다.

나를 채우는 의지가 클수록 나의 짐은 커질 것이다. 나의 꿈이 클수록 짊어져야 할 짐도 커질 것이다. 바라는 바가 클수록 희생도 클 것이다. 그러니 앞으로 나아가려 하는 만큼 뒤로 물러서야 하는 원리를 깨달아야 한다. 진정한 사랑도 자신을 모두 내던지고 오로지 사랑의 대상을 자기 안에 채울 때에만 실현된다.

삶은 사는 것이 문제일 뿐이다

'천국이 내 삶의 목적지라면 지옥부터 가야 한다'라는 것이 근대 르네상스의 천재 단테의 이념이었다. 그는 『신곡』을 '인페르노Interno', 즉 지옥에서부터 시작했으며, 연옥을 거쳐 천국으로 입성하는 이야기를 펼쳤다. 천국은 지옥과 연옥 위에 존재할 뿐이다. '지옥과 연옥을 지나지 않고 천국에 간다'는 말은 가능하지 않다.

꿈이 큰 만큼 책임져야 할 것도 크고 또 많다는 말 앞에서 인식을 기다려야 한다. 인식은 늘 무의 형식으로 주어질 것이다. 그 무의 형식 속에 무엇을 내용으로 채울지는 자기 책임이다. '무엇을 깨달았는가?' 이런 질문을 타인에게 하는 것보다 어리석은 일은 없다. 인식은 모두 자기 노력에 의해 규정되고 결정될 것이기 때문이다.

진정한 사랑을 원하면 원할수록 남겨질 상처의 깊이는 상상을 초월할 것이다. 또한 순수한 사랑일수록 그 상처는 온갖 병균들이 덤벼들어 썩게 만들고 또 흉측한 흉터를 만들어, 결국 삶 자체는 엉망진창이 되고 말 것이다. 영원한 사랑일수록 그 사랑의 상처는 영원한 지옥의 불꽃을 곁에 두고 살아야 하는 시간을 경험하게 될 것이다.

천국에만 영원이 있는 것이 아니라, 지옥에도 영원이 있다. 그럼에도 하늘나라만 꿈꾸면 지하세계의 어둠이 삶의 현장을 덮을 때 갈 길을 잃고 방황을 하게 할 것이다. 따라서 하루가 지날 때마다 삶의 짐은 커져야 한다. 한계가 도래할 때까지 도전은 멈추지 말아야 한다. 삶은 사는 것이 문제일 뿐이다.

내가 오래도록 의지해야 할
나의 다리

나 홀로 가련다, 내 언저리가 다시 환하게 밝아오도록, 그러기 위해서 나 오래오래 즐거운 마음으로 나의 다리에 의지해야 하리라. (차라)

나 자신도 그 존재 자체가 짐으로 인식될 수 있다. 예를 들어 달리기를 오랫동안 하다 보면 인식이 주어지는데, 너무 빨리 달리면 숨이 차서 걸어야 할 지경이 펼쳐질 수도 있다. 안 뛰다가 갑자기 뛰면 이곳저곳이 아플 수도 있다. 그래서 피가 흐를 수 있도록 천천히 시작해서 숨이 차지 않도록 여유를 갖고 뛰어야 한다. 그러면 정말 오랫동안 뛸 수 있다.

앞에서 강원도 태백으로 강의를 하러 간 이야기를 했다. 며칠 동안 공부를 하지 못한다는 생각에 욕심을 내서 밤낮을 가리지 않고 책상 앞에 앉았던 터라 고관절에 무리가 갔었다. 그때 내가 서 있는 모습에서 노인의 자세가 보였다. 내가 노인이라니! 인정할 수가 없었지만 고관절은 쉽사리 풀릴 기색이 안 보였다.

그때부터 나는 허리 돌리기, 허리를 중심으로 몸을 앞뒤로 흔들기, 제자리 걷기 등 다양한 훈련으로 몇 년을 보냈다. 5~6년이 지난 지금, 이제야 겨우 허리가 펴지고 리듬감 있게 걸을 수 있게 되었다. 고관절의 문제를 통해 얻은 인식은 '다리는 내가 죽을 때까지 의지해야 할 도구'라는 사실이다.

다리가 나를 짊어질 수 없을 때, 나는 엄청난 위축을 맛보아야 할 것이다. 공간 개념도 확연하게 줄어들 것이다. 달팽이가 사는 공간 정도까지는 아닐지라도, 예전보다는 훨씬 줄어들 것이 틀림없다. 천천히 걸어야 하는 그 속도가 가르쳐주는 세계는 과거의 것과는 비교도 안 될 것이다.

단 하나의 다리로도 춤을 추는 나무

『차라투스트라는 이렇게 말했다』를 마감해야 할 즈음에 니체는 '춤추는 야자나무'에 대한 긴 시를 적어놓았다. 시적 상황은 사막이다. 마실 물 한 방울 없는 사막에서도 행복하게 춤추는 야자나무를 통해 차라투스트라는 거대한 인식을 얻는다. 나무는 단 하나의 다리를 갖고서도 신세를 탓하지 않으며 행복하게 춤을 춘다. 그런 춤의 현상이 두 개의 다리가 있어도 춤을 추지 못하는 인간에게 뼈저린 인식을 선사해준다. '넌 다리를 두 개나 갖고 있잖아! 그러면서 춤도 못

추냐?' 두 개의 다리를 갖고 자유롭게 움직일 수 있는 존재이면서도 신세를 한탄하는 인간의 가련한 인생을 반성이라는 거울 앞에 서게 한다. 정말 가혹하다.

사람은 모두 자신의 다리에 의존해야 한다. 그것은 누구라도 피할 수 없는 운명이다. 그렇기에 운명을 인정하고 받아들여서 생각을 진행시켜야 한다. 현실 감각을 기반으로 해야만 건강한 인식을 얻을 수 있으며, 생각이 건강해야 삶도 건강해진다. 부족한 것이 인생이라지만, 그런 부족한 인생으로도 행복하게 살 수 있는 것이 삶의 지혜인 것이다.

그런데 삶의 지혜는 살아가면서 얻을 수 있을 뿐이다. 삶을 포기하고 천국에 가겠다는 의지로는 도저히 얻을 수 없다. "삶은 인식의 수단이다."(즐거운) 삶은 깨달음의 수단이다. 다시 말해 삶은 도구라는 뜻이다. 사람은 삶을 통해 뭔가를 일궈내야 하는 존재로서 밥 먹고 사는 것만이 능사가 아님을 말해주고 있는 것이다.

오해는 하지 말자. 물론 밥 먹고 사는 것도 중요하다. 하지만 그것만이 삶의 목적이라는 식으로 말하지는 말자는 것이다. 일상도 중요하다. 인생 대부분의 시간은 일상이라는 시간으로 채워질 수밖에 없다. 하지만 일상을 벗어난 일탈의 순간이 가져다주는 위력을 무시하지는 말아야 한다. 생각으로 임하는 다리도 있다. 생각으로 걸어야 하는 삶도 있는 것이다.

결국에는 혼자가 되는 게 인생

"나 홀로 가련다." 니체는 이 말을 규칙적으로, 반복적으로, 지속적으로 해댔다. 말하자면 시시때때로 했다는 얘기이다. 『이 사람을 보라』의 집필을 시작하던 그 어느 지점에서도 신이 된 철학자 니체는 이 말을 하면서 복음 소식을 준비했다. "이제 혼자 가련다, 나의 형제들이여! 너희들도 이제 떠나 혼자가 되어라! 이것을 나는 바라노라." (이 사람)

인생은 혼자 사는 법을 배워야 하는 시간이다. 아무리 사랑을 했어도 결국에는 혼자가 되는 시간을 반드시 맞이해야 한다. 사랑했던 만큼 상처는 깊을 것이다. 특히 진정한 사랑일수록 혼자가 되는 그 순간은 생지옥을 면치 못할 것이다. 그것이 인생이 전하는 눈물겨운 인식의 현장이다.

인식은 긴 어둠의 터널을 건너게 한다. '내 언저리가 다시 환하게 밝아오도록', 그렇게 긴 시간을 견뎌내야 하는 것이다. 아무도 대신해서 참고 견뎌줄 수가 없다. 하지만 그저 수동적으로 참고 견디는 일에 만족해서는 안 된다. 한 번 뿐인 자신의 인생을 울음만으로 채우면 실수다. '오래오래 즐거운 마음으로' 살아야 한다.

'즐거운 마음으로', 이것이야말로 니체가 바라는 삶의 형식이다. 무엇을 대하든 즐겁게 대해야 한다. 고통도, 눈물도, 울음도 '한없는 웃음의 파도'(즐거운)로 압도해야 한다. 그러면 진정한 의미의 '비극의 탄생'이 실현될 것이며, 비극이지만 극복의 형식으로 인식될 것이다.

인식이 올 때까지 나는 '나의 다리에 의지해야' 한다. 부끄러워할 일도 아니고, 숨겨야 할 일도 아니다. 다리가 짧다고 한탄할 일도 아니다. 야자나무처럼 외다리라고 주눅 들 필요도 없다. 사막에 처한 현실이 인식되어도 잘못된 인생이라고 판단해서는 안 된다. 나는 내 다리가 짊어져야 할 짐에 불과하다. 짐은 짊어지면 된다.

극복을 지향하는
경멸자의 경멸

나는 위대한 경멸자를 사랑하노라. 그러나 사람은 극복되어야 할 그 무엇
이다. (차라)

"나는 위대한 경멸자를 사랑하노라." 니체의 사랑 고백이다. 니체가
사랑하는 대상은 무엇일까? 그것은 경멸을 실천하는 자이다. 경멸을
할 수 있는 자가 위대한 자이다. 이 논리에 대해서 인식이 와야 한다.
그런데 그다음 문장에서 경멸의 대상이 새롭게 형성된다. 그것은 '사
람은 극복되어야 할 그 무엇'으로 설명되고 있기 때문이다.

극복을 원한다면 경멸부터 해야 한다. 경멸을 하지 않으면서 극복
만 하고자 한다면 어불성설이다. 한계를 알아야 한계를 넘어설 수 있
다. 문제는 한계를 직면하는 순간의 고통이다. 꿈과 희망을 품고 다
가셨던 신인데, 바로 그 신을 희생시켜야 한다. 고통을 직감하면서도
외면하지 않고 도전하는 것이 초인의 것이다. 삶을 위해 목숨을 거는
자의 용감한 행동이 니체가 바라는 것이다.

극복도 하지 않으면서 성공만을 원한다면, 수고도 하지 않고 업적을 내고자 하는 게으른 정신의 면모만 보일 뿐이다. 그냥 믿기만 해서 천국에 가고자 하는 마음은 사람을 수도원 같은 곳에 가둬놓는 실수를 저지르고 만다. 단테가 이끈 근대의 정신은 지옥도 마다하지 않는 여행자에 의해 실현되었다. 즉 지옥의 온도를 느끼면서 르네상스가 일어났던 것이다.

사람은 극복되어야 할 그 무엇일 뿐!

어른이 되고 싶다면 그 반대의 현상에 대한 인식이 전제되어야 한다. 부족함을 알아야 부족함을 채울 수 있고, 스스로를 개선할 수 있다. 사람은 극복되어야 할 그 무엇일 뿐이다. 언제까지? 죽을 때까지! 죽고 나면? 그것은 니체의 문제가 아니다. 많은 사람들이 여기서 불편해한다. 죽고 나서도 책임을 져주기를 바라는 것이다. 죽어도 산다는 말이 이토록 치명적이다.

사람은 살아야 사람이다. 사람은 오로지 삶을 통해서만 의미가 구현된다. 죽음을 통해서는 증명될 것이 아무것도 없다. 이 세상에 죽어본 사람은 단 한 명도 없다. 죽다 살아난 사람은 있어도 정작 죽어본 사람이 없다는 말에서 깨달음을 얻어야 한다. 사람은 삶을 통해서만, 존재자는 자신의 존재를 통해서만 깨달을 수 있을 뿐이다.

그래서 '삶은 인식의 수단'이라는 말이 진리가 되는 것이다. 깨닫고 싶으면 삶에 머물러야 한다. 삶은 견딤의 대상으로 봐도 좋다. 힌두교와 불교에서는 삶의 현장을 사바세계로 설명했다. 참고 견디는 세계라는 뜻이다. 자신의 세계를 끝까지 견뎌줄 때 그 세계는 깨달음을 제공해준다는 것이다.

이런 니체의 사상을 이해하기 위해 다수의 성경 구절을 외워도 좋겠다. 내가 즐겨 외우는 구절들은 이런 것이다. "여호와 앞에 잠잠하고 참고 기다리라."(시편 37:7) "그러나 끝까지 견디는 자는 구원을 얻으리라."(마태복음 24:13) "나의 멍에를 메고 내게 배우라, 그리하면 너희 마음이 쉼을 얻으리니."(마태복음 11:29) 이런 말들을 묵상의 대상으로 해 정신을 채워놓아야 한다.

죽음 이후의 삶이 걱정되면 종교의 내세관에 매달리면 된다. 그것 자체를 부정할 이유는 없다. 교회나 성당, 절에 가면 될 일이다. 어느 하나의 신앙을 가진다는 것은 큰 위로가 된다. 다만 그 하나에 얽매여 다른 모든 것을 무시하거나 폄하하는 실수는 없어야 한다. 그런 실수야말로 사람을 가장 초라하게 만드는 원인이 된다.

희망의 원리를 깨닫는 것도 중요하다. 절망을 알아야 희망이 힘을 얻는다. 절망도 해보지 않은 자가 희망을 운운하는 것이야말로 가소로운 일이 아닐 수 없다. 말로만 다 하는 그런 사람들이 있어서 생철학이 복잡해지는 것이다. 질문도 없으면서 해답을 추구하는 그런 정신이 있기 때문에 니체가 오해를 받을 수밖에 없는 것이다.

한계에 부딪혀 쓰러진 자만이 일어선다

니체는 늘 배우라 해놓고선 떠나라 한다. "인식을 원하는 사람은 자신의 적을 사랑해야 할 뿐만 아니라, 자신의 친구를 증오할 줄도 알아야 한다."(이 사람) 친구도 증오해야 한다. 하지만 동시에 적도 사랑해야 한다. 그는 어느 하나만을 배우라고 가르치지 않았다. 빛만 좋다고 가르치지 않고 어둠도 함께 즐기고 또 사랑하라고 가르쳤다는 그 말의 의미를 깨달아야 한다.

자신의 이념이 옳다고 믿는 것 자체는 아무 문제 없다. 그런데 자신의 이념이 옳다는 판단으로 타인의 이념을 무시하는 발언을 하면 그것은 큰 실수가 된다. 그것은 문제의식을 밖으로 향하게 함으로써 자신이 악마가 되는 실수를 저지르게 한다. 타인을 죽인다고 해서 세상이 천국으로 변하지는 않는다. 그런 살해 현장은 말 그대로 악마의 소굴을 연출해낼 뿐이다.

하지만 살해도 살해 나름이다. 한계를 인식한 정신이 자신을 죽이고 살아나는 살해 행위라면 충분히 권유할 만하다. 니체가 철학적으로 실천하고자 하는 살해 행위는 자기와의 싸움으로 일관한다. 그는 반복적으로 '사람은 극복되어야 할 그 무엇'이라고 말했을 뿐이다.

반복 속에는 오로지 사람만이 문제가 되고 있을 뿐이다. 기독교의 신성에 갇힌 정신으로는 해명이 불가능한, 전혀 다른 신성이다. 기독교의 신은 반복해야 할 것을 모른다. 하지만 사람은 반복해야 한다.

위대한 경멸자가 경멸을 실천하는 대상은 한계를 보이고 있는 자기 자신을 향할 뿐이다. 그런 자신을 향해서라면 용서가 없다.

극복은 한계를 아는 존재만이 실천할 수 있다. 한계에 부딪혀 쓰러진 자만이 일어서고, 급기야 극복을 지향할 수 있게 된다. 한계도 모른 지경이라면 극복은 꿈도 못 꾼다. 정신의 짐은 이런 한계에 대한 인식과 함께 주어질 뿐이다.

Nietzsche

3장

희망과 동경:
어떤 절망도 나를 쓰러뜨릴 수 없다

쓰러진 게 아니야,
쉬고 있잖아!

거기 어떤 사나이가 땅바닥에 앉아 있었던 것이다. 평화를 사랑하는 자, 선량한 눈을 하고 있는 산상 설교자였는데, 짐승들에게 자신을 두려워할 필요가 없다고 설득하고 있는 것처럼 보였다. (차라)

내가 고등학생 때 〈취권〉이란 영화가 인기였다. 심지어 교실에서 누군가가 그 영화의 주인공을 흉내 내기도 했다. 쓰러진 게 아니야, 쉬고 있잖아! 울고 있는 게 아니야, 웃고 있잖아! 비틀대는 게 아니야, 춤을 추고 있잖아! 쓰러짐과 울음, 비틀거림은 눈속임이었다. 상대를 속이는 기술이 차고도 넘쳤다. 그런 기술을 습득하며 청춘을 보냈다.

독일 유학 시절에는 사실 부전공이 발목을 잡았다. 무엇보다 연극학이 나를 괴롭혔다. 단 10초도 안 되는 장면을 보고 나서 감상을 말로 형용해야 하는 수업이 제일 힘들었다. 배우의 사투리도 듣기 힘들었고, 등장인물의 의상이나 실내 장식을 보고서 그 시대를 알아보는 것도 어려웠으며, 내가 본 것을 독일말로 형용하는 것도 쉽지 않았다. 결국 그 수업만 네 번씩이나 반복해야 했다. 2년이라는 세월을 그

과목 하나와 씨름을 해야 했다.

네 번째 학기를 반복해야 한다는 결정이 났을 때였다. 기숙사로 돌아오자마자 침대에 드러눕고 말았다. 도저히 서 있을 수가 없었던 것이다. 그리고 한밤중에 눈이 떠졌다. 배가 고프다는 생각도 들었다. 먹고 힘을 내야 한다는 생각이 든 것이다. 그것은 나의 한계가 아니었다. '또 한 학기?' 그것은 그냥 하면 되는 것이었다. 마침내 네 번째 학기에 그토록 어렵기만 하던 그 과목을 통과했다. 이제부터 뭐든지 해낼 수 있을 것만 같았다.

하늘로 쓰러질 수 있는 사람은 없다

살다 보면 누구나 쓰러질 때가 있다. 그런데 쓰러질 때는 땅바닥으로 향할 수밖에 없다. 하늘로 쓰러질 수 있는 사람은 없다. 하늘을 향해 쓰러질 수는 없는 법이다. 여기에 대지의 뜻이 존재한다. 그렇게 대지에 온몸을 붙이고서 한참 동안 머물러야 한다. 대지의 기운을 받을 때까지 견뎌야 한다. 그리고 새 힘이 생기면 대지는 다시 무대로 돌변해줄 것이다. 내가 굳게 설 수 있는 곳도 바로 이 대지뿐이다.

일어서려면 먼저 쓰러져야 한다는 것이 문제이다. 문제에 대한 인식은 선명해야 한다. "깨어날 때까지 그곳에 누워 있도록 하라. 그가 자신의 모든 피로를 뿌리치고 그 피로가 그의 입을 빌어 가르쳐온 것

모두를 거두어들일 때까지!"(차라) "나는 그것을 러시아적 숙명론이라고 부른다. 이것은 행군이 너무 혹독하면 결국 눈 위에 드러눕고야 마는 러시아 군인의 무저항의 숙명론이다."(이 사람) 더 이상 할 수 없으면 쓰러지는 것도 지혜다.

하지만 일어서야겠다는 생각이 들면 일어서면 된다. 달라진 생각이 사람을 일으켜 세운다. 그것이 한계가 아니라고 판단되면 한계라고 생각했던 것을 넘어서면 된다. 그토록 어렵다고 생각했던 것도 그것이 어려운 게 아니라고 생각하면 한없이 쉬운 것이 되고 만다. 아무리 간단한 것이라 해도, 아무리 사소한 것이라 해도 자신이 어렵다고 판단하고 중요한 것으로 생각하면 문제가 발생한다.

문제는 언제나 자기 책임이다. 문제의식은 자기 몫이다. 이 세상에 문제가 없는 사람은 없다. 누구나 문제 때문에 골머리를 앓을 것이다. 하지만 문제 때문에 문제가 해결되는 기쁨을 맛볼 수도 있는 것이다. 깨달은 자만이 세상을 위해 뭔가를 할 수 있다. 인식을 얻은 자만이 범종의 종소리처럼 세상을 향해 위로의 소리를 낼 수가 있다.

두려움을 극복한 정신

'땅바닥에 앉아 있는 그 사나이'는 과연 누구일까? 그 사나이에 대해서 니체는 이런 설명을 덧붙여놓았다. '평화를 사랑하는 자, 선량한 눈을 하고 있는 산상 설교자'라고. 산상수훈은 신약 성서 〈마태복음〉 5~7장에 기록된 예수의 가르침을 일컫는 말이다. 똑같은 형식으로 니체는 철학적 인물인 차라투스트라를 대입시킨다.

차라투스트라는 예수이다. 그는 예수처럼 가르침을 전하고 있었던 것이다. 신은 자신이 등장할 때마다 '두려워하지 말라'는 말부터 꺼낸다. 그 얘기는 곧 신은 무서운 존재라는 사실이다. 신의 등장은 두려움에 휩싸일 정도로 심각한 상황이라는 얘기이다. 그렇기에 함부로 신을 불러서는 안 된다. 자칫 준비가 되어 있지 않은 자에게는 삶 전체가 위기에 처할 수도 있기 때문이다.

니체도 '두려워하지 말라'는 말부터 들려줘야 했다. 철학적 복음을 위한 귀는 두려움을 극복한 정신에 의해서 실현되고, 또한 열리게 되는 것이다. 그 귀는 마음의 문을 열어둘 때 마침내 온 세상을 향해 열리게 된다.

니체의 철학은 겁을 먹어야 할 대상이 아니다. 니체와 친해지면 전혀 다른 세상이 펼쳐진다. 그를 믿으면 전혀 다른 형식의 구원이 실현된다. 선악을 품고서도 에덴동산에서처럼 신의 동산으로 군림할 수 있고, 극단적으로 큰 세상이라는 태극에서처럼 음과 양을 품고서도 이상을 그려낼 수 있는 것이다. 음과 양이라 말하든, 선과 악이라 말하든 상관없다.

내 안으로의
자기 극복

차라투스트라는 모든 사상가들을 모아 놓은 것보다도 더 많은 용기를 육체 속에 지니고 있다. 진리를 말하고 활을 잘 쏘는 것, 이것이 페르시아적 덕이다. — 나를 이해했는가? … 진실성으로부터 나오는 도덕의 자기 극복, 도덕주의자들의 자기의 대립물로의 자기 극복 — 내 안으로의 자기 극복, — 이것이 나의 입에서 나온 차라투스트라라는 이름이 의미하는 바이다.
(이 사람)

독일 유학시절 나의 스승은 발터 겝하르트라는 니체 전공자였다. 그는 스스로 니체처럼 살고자 했고, 제자들에게도 그런 삶의 태도를 암암리에 요구했다. 그는 끊임없이 제자들을 절벽으로 몰고 갔다. 제자들 스스로 한계를 알게 했고, 또한 그 한계를 넘어서기를 바랐던 것이다.

스승은 나에게서 말 잘 듣는 복종의 태도를 문제 삼았다. 스승 앞에서는, 스승의 뜻 앞에서는 그저 무방비로 임하는 나의 자세가 마음에 들지 않았던 것이다. 내가 박사 학위 논문을 완성한 시점에서부터 이에 대한 논쟁은 노골적으로 돌변했다. 이제는 구두시험을 위한 준비가 시작된 것이다.

"사람은 변해야 한다!" 스승은 끊임없이 이 말을 반복했지만, 나의 고집도 만만치 않았다. 나는 한국인임을 자랑스럽게 생각했고, 한국인은 스승 앞에서 무릎을 꿇듯이 자세를 낮추고 복종해야 하는 것이 미덕임을 주장했다. 그러다가 이런 논쟁이 네 번째 학기를 채우고 있던 시점에 나는 폭발하고 말았다. "도대체 제가 뭘 잘못했습니까?" 하고 스승에게 대든 것이다.

그때 스승은 나를 안아주면서 박사가 될 자격을 갖췄노라고 말했다. 드디어 나를 인정해준 것이다. 사실 스승의 뜻을 깨닫게 된 것은 오랜 시간이 흐른 뒤였다. 불과 몇 년 전이라고 할까.

넘어서기 위해서는

차라투스트라에 대한 별명이 있다면, 그것은 초인이다. '넘어서는 인간'이란 뜻이다. 그런데 좋기만 한 것은 아니다. 넘어서기 위해서는 '넘어서야 할 대상'에 대한 희생이 전제되어야 하기 때문이다. 정이 들었던 대상과 이별하기란 쉽지 않은 것이다. 습관이 든 것을 바꿔놓기란 결코 쉽지 않은 일이다.

앞서 언급했다시피 '이 사람을 보라'에서 '이 사람'은 보통 사람이 아니라 신이 된 사람을 지칭한다. 아니, 신 자체를 의미한다. 그 신의 이름을 십자가에 못 박힌 자로 알려진 예수라고 부르든, 차라투스트라라고 부르든, 이름은 뭐가 됐든 상관없다. 문제는 니체가 설명하고자 하는 신의 진정한 실체이다.

여기서 '넘어선다는 것'을 개념적으로 이해하는 것이 관건이다. 그것을 의미하는 이념이 곧 극복으로 이어지기 때문이다. 극복에 대해서는 그 이전과 그 이후의 상태에 대한 이해도 요구된다. 그 이전은 극복이 필요한 상태이고, 그 이후는 극복을 해낸 이후의 상태를 의미한다. 극복이 필요한 상태는 허무주의의 도래를 의미하고, 극복을 해낸 이후의 상태는 허무주의를 극복을 의미한다.

허무주의가 도래했을 때는 모든 상황이 답답함을 연출해낸다. 마치 감옥에 갇힌 듯한 상황 속에 빠져들기 때문이다. 한계에 직면한 정신은 말 그대로 위기에 처한 상황이다. 과거에는 마냥 좋기만 하던 것도 이때가 되면 존재 자체가 거의 불가능한 지경에 처해지고 만다. 그때는 극복해야 하는 것이다. 과거에는 신처럼 숭배했던 것도 이때가 되면 혐오의 감정을 동원하여 정 떼기에 돌입해야 하는 것이다.

반대로 허무주의를 극복한 상태라면 한계를 다시 수평선이나 지평선을 바라보듯이 먼 곳에 두고서 동경이 이뤄지는 지경이 펼쳐진다. 마치 산꼭대기에 오른 정신처럼 힘차게 함성을 지를 수도 있다. 모든 것을 발아래 둔 정신이 이때 실현되는 것이다. 하지만 여기서도 오해를 하지 말아야 할 것은, 허무주의의 도래와 허무주의의 극복은 지속적으로 반복된다는 사실이다. 사는 동안, 즉 죽을 때까지 사람은 질문과 대답을 반복해야 하는 것과 같다.

나를 이해했는가?

차라투스트라의 내면은 용기로 가득 차 있다. 그의 용기는 진리를 진리라고 말할 수 있는 용기이며, 그 진리를 활로 쏘아서 죽일 수 있는 용기를 의미한다. 그것을 두고 니체는 '페르시아적 덕'이라고 말하는데, 페르시아가 어느 지역에 있는지, 페르시아가 믿는 신이 차라투스트라인지 하는 사실적 관계는 중요하지 않다. 니체가 말하고자 하는 그 용기와 미덕 그리고 도덕을 이해하는 것이 관건이다. 그래서 그는 시도 때도 없이 "나를 이해했는가?" 하고 묻는 것이다.

니체가 차라투스트라라는 철학적 인물을 통해 전하고자 하는 메시지는 한결같다. 그것은 오로지 '도덕의 자기 극복, 도덕주의자들의 자기의 대립물로의 자기 극복'이며, 그것은 또다시 '내 안으로의 자기 극복'을 의미한다. 즉 극복하고 넘어서지만, 그곳이 다시 자기 안이다. 니체가 말하는 신의 신성은 자기 극복이라는 이념을 통해서만 실현될 뿐이다.

바벨탑을 쌓고
신에게 도전한 영웅 니므롯

오, 차라투스트라여

가장 잔인한 니므롯이여

신도 사냥했던 최초의 사냥꾼이여

모든 미덕을 포획했던 그물이여

악을 맞혔던 화살이여!

이제는

자신에게 쫓기고

자신에게 먹잇감이 되며

자기 안으로 뚫고 들어가는구나. (디오)

무덥던 여름이었다. 독일 바이로이트 대학 학생들은 오스트리아 비엔나로 수학여행을 떠났다. 나도 그 무리 속에서 함께 이동을 하고 있었다. 우리는 전차를 타고 예술역사박물관으로 갔다. 그리고 나서 나의 스승은 어느 그림 앞에 서서 우리들을 불러 모았고, 그 그림에 대해 설명하려던 참이었다. 그 그림은 어디선가 본 듯하면서도 낯설었다. 스승은 그림의 왼쪽에 그려져 있는 일군의 무리 속의 한 사람을 가리키며 물었다. "이 사람이 누군지 아는가?"

나뿐만 아니라 아무도 그 사람이 누군지 말을 하지 않았다. 사실 다른 학생들은 고등학교를 갓 졸업한 대학생 새내기였다. 그러나 나는 달랐다. 나는 박사과정에 속해 있었기에 학생들은 나를 힐끗 쳐다보기도 했다. 무안하고 창피했다. 나는 대답을 할 수 있어야 했던 것이다. 저 사람은 과연 누구일까? 저 사람은 왜 그 그림 속에 있는 것일까?

니므롯이 바벨탑을 쌓은 이유

아무도 대답을 하지 않자 스승은 설명을 시작했다. 그 사람은 바벨탑을 지은 니므롯이었다.

나는 바벨탑이라는 단어에서 모든 것을 다시 엮어가기 시작했다. 바벨탑은 인간이 신에게 도전하기 위해 쌓았던 탑으로 신성모독의 상징물이었다. 성경에도 나오는 이야기였다. 니므롯, "그는 세상에 첫 용사라 그가 여호와 앞에서 용감한 사냥꾼이 되었으므로 속담에 이르기를 아무는 여호와 앞에 니므롯 같이 용감한 사냥꾼이로다 하더라."(창세기 10:8~9)

'여호와 앞에 니므롯'에서 '앞에'로 번역한 히브리어 원문은 '리프네Liphne'로 '대항해' 또는 '저항해'라는 뜻도 있다. 간혹 잘못 이해하면 신을 지키려고 적을 향해 앞장을 선 장수의 그림을 그릴 수도 있다. 사실 나도 성경을 읽을 때 그런 식으로 오해했었다. 하지만 '리프네'의 원뜻을 알고 나니 모든 것이 다시 해석되기 시작했다. 니므롯은 신에게 대항했다. 그는 신을 두려워하지 않았다. 그는 신만 원했고, 신과 함께 싸우기를 원했다.

니므롯이 바벨탑을 쌓은 이유는 명백하고 확실하다. 그 이념을 피터 브류겔이라는 네덜란드의 르네상스 천재 화가가 그림 속에 담아낸 것이다. 중세 천 년 동안 세상을 지배했던 기독교의 교리에 맞서서 브류겔은 니므롯을 주인공으로 삼아 이 그림을 그려냈던 것이다. "르네상스가 무엇인가?" 스승은 거대한 질문을 던져놓고 한동안 열변을 이어갔지만, 그때부터 나는 깊은 물 속에 빠진 사람처럼 그저 웅웅거리는 소리만 듣고 있을 뿐이었다.

이곳저곳 다른 방에도 들르며 다양한 그림들을 감상했지만, 니므롯이라는 이름과 그가 쌓아올린 탑의 그림이 기억 속에 각인되었다. 박물관을 나왔을 때 비엔나 전체가 보이는 듯한 그 광경을 목격하고서 한참 동안 꼼짝 안 했던 기억도 난다. 지평선을 먼 곳에 둔 그 풍경은 나에게 거대한 세상의 출현을 예고하는 듯했다. 다시 전차를 타고 비엔나 시내로 향할 때 스승과 나는 몇 번 눈이 마주쳤지만, 서로 대화할 기회는 주어지지 않았다.

신이 된 자기 자신을 죽이다

『디오니소스 송가』는 1888년 가을날에 동시다발적으로 집필된 글들 중의 하나이다. 1889년 1월 3일에 니체의 정신은 광기의 세계로 들어갔다. 1872년에 첫 번째 작품 『비극의 탄생』을 내놓았으니, 그냥 숫자상으로 17년이라는 세월이 니체의 집필 인생으로 관통하고 있음을 알게 된다. 17년! 정말 치열했던 집필 인생이었다.

시작과 끝은 디오니소스라는 신의 이름으로 장식한다. 비극의 주인공은 디오니소스이기 때문이다. 디오니소스와 아폴론이 힘을 합쳐야 예술 작품이 탄생할 수 있다는 것이 『비극의 탄생』의 주된 설명이다. 즉 어둠은 빛과 맞물려야 하고, 비이성은 이성과 맞물려야 한다. 어둠과 비이성은 디오니소스의 현상이고, 빛과 이성은 아폴론의 현상이다. 이런 것들을 자신의 생각 속에서 자유롭게 엮어낼 수 있을 때 인식은 주어질 것이다. 그때 도道가 트는 것이다.

사실 고대의 디오니소스 송가는 남아 있지 않다. 디오니소스 축제 때 그 송가가 어떻게 불렸는지에 대해서도 알려진 바가 없다. 우리는 그저 디오니소스 축제와 디오니소스 송가라는 개념을 엮어가며 그때 그 당시의 상황을 추측해낼 수 있을 뿐이다. 바로 이 점에서 니체는 디오니소스 송가를 창작해낸 첫 번째 철학자가 될 것이다.

『디오니소스 송가』는 어쩌면 니체의 이성이 남겨놓은 마지막 복음 소식이 아닐까. 17년간의 치열했던 집필 인생을 감안하면, 그리고 그토록 열망했던 '자기 안으로의 자기 극복'이라는 이념을 염두에 두고 나면, 이 송가의 형식과 내용은 더욱 신비로운 수수께끼가 되어 우리에게 주어진다. 그 끝에 도달한 자가 자기 자신을 신의 형상으로 목격하게 된다는 수수께끼가.

자기 자신을 위해 찬송가를 불러대는 철학자가 니체이고, 자기 자신을 위한 찬송가가 『디오니소스 송가』이다. 그는 이미 『이 사람을 보라』에서 신이 된 철학자의 면모를 밝힌 바 있다. 『디오니소스 송가』에서 니체는 스스로 송가의 대상이 된다. 노래 속 주인공이 디오니소스이고, 그 디오니소스가 니체가 된다. 방랑자가 그림자와 대화하듯이, 니체는 디오니소스가 된 자기 자신을 향해 송가를 불러댄다.

니체는 신이 된 자기 자신을 죽인다. 화살로 그 신의 심장을 맞춘다. 화살이 자신의 심장을 뚫고 들어온다. 고통을 주는 자는 니므롯이고, 니므롯이 죽이고 있는 신은 자기 자신이다. 그런데 그 니므롯은 차라투스트라의 분신이었고, 차라투스트라는 디오니소스 송가 속 또 다른 자아에 지나지 않는다. 디오니소스 속의 차라투스트라, 차라투스트라의 분신 니므롯, 신과 마주 서서 신을 죽이는 니므롯은 자기 자신을 살해하는 살인범이다. 자신을 디오니소스로 칭송하고 있는 노래가 '디오니소스 송가'라는 형식을 갖추고 있다. 자기를 찬양하는 찬송가이다. 그 찬송가 속에서 니체는 다시 차라투스트라가 되고, 그 차라투스트라는 다시 니므롯이 된다. 1872년 첫 번째 작품 『비극의 탄생』에서 연출했던 비극의 종말은 이런 것이었다.

도달하기와
넘어서기

자신의 이상에 이르는 사람은, 이로써 그 이상마저도 넘어선다. (선악)

내가 대학생 때 좋아했던 배우는 알 파치노였다. 그가 출연한 영화 중에 〈스카페이스〉가 있다. 흉터가 있는 얼굴로 그가 보여준 광기의 연기는 긴 세월을 통해 고민을 거듭하게 했다. 보스를 죽이고 나서 스스로 보스가 되던 날 새벽, 커다란 통유리를 사이에 두고 서 있었다. 반대쪽 허공에는 '세상은 너의 것이다The world is yours'라는 문구가 담긴 거대한 풍선이 지나가고 있었다. 하지만 그 장면은 창문에 갇힌 파리 목숨을 연상케 하는 반전의 순간이었다.

세상을 다 가진 듯하지만, 그것은 착각이었을 뿐이다. 세상은 넓고 적은 언제나 등장하기 마련이다. 신처럼 군림할 수 있는 인간은 존재하지 않는다. 물론 모든 인간은 신처럼 유일무이한 존재이지만, 그 인간적인 유일성이 신과 동급이 되는 조건이 되는 것은 결코 아니다. 오히려 인간은 그런 유일성에 갇히면 인생 전체가 위기에 처하고 만다.

살아야 할 때도 있고, 죽어야 할 때도 있다

파리는 유리창에 갇히면 돌아설 줄을 모른다. 유리창 너머에 있는 공간과 풍경을 바라보면서 눈을 떼지 못하는 것이다. 차라리 눈이 없었더라면 그런 일은 일어나지 않았을 것이다. 그런데 눈이 있어서 이런 지경이 펼쳐지고 만 것이다. 마찬가지로 사람에겐 생각이란 것이 주어져 있다. 인간은 호모 사피엔스, 즉 생각하는 존재이다.

그런데 생각하는 존재에게 생각은 도구가 될 수도 있고, 흉기가 될 수도 있다. 도움이 되기도 하고, 덫에 걸리게도 한다. 생각하는 존재에게 생각이 말썽을 피우면 답이 없다. 현실에 대한 감각을 상실하고 나면 모든 것은 생각이라는 늪에 빠지고 만다. 생각대로 되는 일보다 생각대로 되지 않는 일들이 더 많은 이 세상에서 길을 잃고 방황하는 신세가 되고 만다.

이성은 끝없이 이상을 추구한다. 그런데 인간은 바로 그 이상 때문에 인생이 망가질 수도 있는 것이다. 세상에 확실한 것은 하나도 없다. 확실한 생각조차 시간과 공간이라는 원리에 갇혀 있을 뿐이다. 시간이 달라지고 공간이 달라지면, 모든 것은 불확실성이라는 현상에 부딪힐 수밖에 없다.

사람에겐 이상을 만드는 것도 능력이고, 만들었던 그 이상을 버리는 것도 능력이다. 목표를 설정해야 할 때도 있고, 목표를 부정해야 할 때도 있다. 사랑을 실천해야 할 때도 있고, 증오를 앞세워야 할 때도 있다. 정이 들어야 할 때도 있고, 정을 떼야 할 때도 있다. 떠나야 할 때도 있고, 만나야 할 때도 있다. 자존심이 필요할 때도 있고, 자멸 감이 요구될 때도 있다. 살아야 할 때도 있고, 죽어야 할 때도 있다.

니체가 말하는 죽음은 단 한 번의 죽음을 말하는 것이 아니다. "나 너희에게 내 방식의 죽음을 기리는 바이다. 내가 원해 찾아오는 그 런 자유로운 죽음 말이다."(차라) "불멸이 되기 위해서는 비싼 대가를 치러야 한다. 즉 그러기 위해서는 살아가는 동안 여러 번 죽어야 한 다."(이 사람) 지금까지 도대체 몇 번이나 죽어보았는가? 이 질문을 붙 들고 비극이 공연되는 극장 안으로 스스로 발을 들여놓아야 한다.

매 순간 현실이라는 또 다른 인식을 붙들자

니체가 말하는 초인의 삶은 '여러 번 죽어야 한다'는 조건을 충족 시킬 때만 실현된다. 지금 이 책의 주제인 '괜찮은 어른이 되는 삶'도 마찬가지의 삶을 요구할 뿐이다. "나를 죽이지 않는 것은 나를 더욱 강하게 만든다."(우상) 이런 말을 되새김질하다 보면 뭔가가 인식의 그물에 걸려들 것이다.

신을 죽인 살인범으로 산다는 것은 참으로 어려운 삶이다. 날마다 죽이는 살인범이지만, 더 이상 죽일 수 없는 대상을 만날 때, 마침내 그는 신이 된 자기 자신을 만나게 되는 것이다. 극복할 수 있다면 그

102

것은 신의 신성이 아니다. 더 이상 극복할 수 없을 때 지천명이 인식되는 것과 같은 이치이다.

창문에 갇힌 파리에게 중요한 것은 이쪽과 저쪽을 갈라놓는 유리창에 대한 인식이다. 이를 두고 우리는 '현실 인식'이라고 말한다. 현실에 대한 감각을 유지하는 것이 관건이라는 얘기이다. 생각하는 존재는 생각이라는 형이상학적 경로를 지나갈 수밖에 없는 운명이지만, 매 순간 현실이라는 또 다른 인식을 치열하게 붙들고 있어야 한다.

이상을 만든 사람은 그 이상을 넘어설 줄도 알아야 한다. 사랑을 하는 사람은 질투와 증오의 감정도 책임져야 한다. 사랑만 하겠다고 하는 사람보다 더 위험한 사람은 없다. 그런 사람이 창문에 갇힌 파리 목숨을 자처하는 꼴이 되는 것이다. 선을 긋고 나면, 그 선 안에 있는 것보다 선 밖에 있는 것이 더 많다. 아무리 큰 원을 그려놓아도, 그 원 안에 있는 것보다 원 밖에 있는 것이 훨씬 더 많다. 이것이 세상의 이치이다.

삶의 중심을
잡아야 하는 이유

삶의 중심을 삶에 두지 않고, 오히려 '피안'으로, ― 무로 ― 옮겨버린다면,
진정 삶에서 중심을 빼앗아버리는 것이 된다. 개인의 불멸에 대한 엄청난
거짓말은 모두 이성과 본능의 자연성 전부를 파괴해버린다. (안티)

어린 시절, 탑 쌓기를 좋아한 적이 있다. 학교 갔다 돌아올 때 백 걸음
마다 돌멩이를 하나씩 주운 적이 있다. 그래서 항상 주머니에 돌멩이
가 한가득 들어 있었다. 나는 그 돌멩이들을 집에 가져와 대문 옆에
하나씩 쌓아올렸다. 높이 쌓은 돌탑은 조심해서 다뤄야 했다. 건드리
면 쓰러질 수 있었기 때문이다.

쌓는 것도 관건이다. 중심을 잃으면 쓰러지기에 돌멩이 각각의 중
심도 알고 있어야 하고, 그 돌멩이 위에 놓이게 될 그다음 돌멩이의
중심에 대한 이해도 필요했다. 각각의 중심이 균형을 잡아주면 탑은
높이 오를 수 있었다. 하지만 한두 개 정도일 때는 쉽지만, 그것이
서너 개로 쌓일수록, 즉 관계가 복잡해질수록 쓰러질 위험은 커져만
갔다.

삶도 삶 나름이다

처음 『차라투스트라는 이렇게 말했다』를 읽을 때 차라투스트라의 첫 번째 가르침이 이뤄지던 장소가 줄타기 광대 이야기여야 하는 이유에 대해서 고민한 적이 있다. 소설을 쓰는 입장에서 고민을 하면, 그 소설의 첫 장면을 무엇으로 장식할 것인가에 대한 고민은 결코 사소한 문제가 아니다. 그런데 니체는 첫 장면을 줄타기 장면으로 채웠다.

줄타기는 균형 감각이 절대적으로 필요한 일이다. 균형을 이루는 감각을 상실했을 때는 단 하나의 줄 위에 서 있을 수가 없게 된다. 아니, 그냥 대지 위에 서 있을 수도 없게 된다. 언젠가 동료 선생들 중의 한 사람이 달팽이관에 문제가 생긴 적이 있다. 스트레스가 쌓여 달팽이관 속의 작은 돌멩이가 빠졌다는 것이다. 그는 어지러워하며 괴로워했다. 병원에 가서 돌멩이 역할을 하는 것을 다시 넣었다고 했는데, 그의 표정은 그리 밝지 못했다.

건강해야 한다. 나이가 들수록 건강에 대한 걱정이 커져만 간다. 어렸을 땐 어른들의 삶에 대해서는 관심도 없었다. 늘 그 나이가 되어서야 깨닫게 되는 것이 있다. 인생 이야기가 그런 것 같다. 몸에 좋다는 음식에 귀가 쫑긋해지는 것은 어쩔 수가 없다. 몸에 좋은 것은 쓰다고, 또 쓴 것은 약이라고 생각하며 그 맛없는 것조차 마다하지 않고 입을 갖다 댄다.

어른도 어른 나름이다. 살려고 발버둥치는 모습이 어른의 것이라면 꼴불견에 불과하다. 죽음이라는 괴물 앞에 무릎을 꿇고 살려달라고 애원하는 꼴은 흉하기 짝이 없다. 생존경쟁이 삶의 의미라면 삶은 살 가치가 없는 것이다. 니체가 다윈의 적자생존이나 생존경쟁 따위의 이론에 대해서 비판적으로 거리를 둔 이유가 바로 이런 데 있다.

삶도 삶 나름이다. 삶의 중심을 삶에 두지 않고 생명 연장에만 관심을 두고 있다면, 그것은 진정한 삶을 살아가고 있는 것이 아니다. 사는 데 연연하는 것도 잘못이고, 죽어서 피안으로 간다는 생각도 잘못이다. 피안으로 가는 것이 종교의 이념이긴 하지만, 그것만으로 살아갈 수는 없다는 것이 또 다른 인간의 한계이다.

삶의 중심은 반드시 삶 속에 두어야 한다

'어떻게 살아야 할까? 사람이란 무엇일까? 나는 누구인가?' 이런 질문은 죽음 앞에서도 내놓을 수밖에 없을 것이다. 이런 질문과 함께 정신은 전혀 다른 세상으로 넘어갈 것이 틀림없다. 그때를 위해서라도 좋은 말로, 좋은 생각을 이끄는 일에 매진해야 할 것이다. 좋은 생각은 평생 해도 모자란다. 평생이란 시간도 품을 수 있는 것이 좋은 말임을 깨달아야 한다.

사는 것이 문제이지, 죽는 것이 문제는 아니라 했다. 피안은 이념의 문제일 뿐, 현세의 삶에 직접적인 영향을 주지는 못한다. 그래서 피안은 그저 무無에 지나지 않는다. 그런 무에 삶의 중심을 두면 이성과 본능 전체가 말썽을 피우고 만다. 생각하는 존재가 무에 불과한 말에 휘둘리면 답이 없다.

그런데 이성은 논리에 얽매일 수밖에 없는 운명에 놓여 있다. 거짓말도 자주 하다 보면 습관이 되고, 습관이 형성되면 거짓말도 진실처럼 들리게 된다. 이런 것이 바로 이성의 한계인 것이다. 이성적 존재는 귀신도 본다는 것이 문제이다. 아무것도 아닌 그림자를 보고서도 이성의 눈은 괴물을 발견할 수 있다.

따라서 삶의 중심은 반드시 삶 속에 두어야 한다. 현세의 의미를 무시하고 내세의 의미로 지금 이 순간을 희생시키려는 생각은 금물이다. 하루를 살아도 멋지게 살아야 한다. 한 시간을 살아도 최선을 다해서 살아야 한다. 단 일분 일초라 해도 자기 자신의 인생임을 인정하고, 거기서 의미를 추구해야 한다. 순간이 인식될 때 영원이 보일 것이기 때문이다.

살다 보면 자기도 모르게 거짓말을 할 때가 있다. 모르면 거짓말을 하고 있다는 사실조차 깨닫지 못한다. 알아야 한다. 무엇까지 알아야 할까? 앎에 한계는 없다. 사는 동안 그 앎의 경지를 높이 두고서 살아야 할 뿐이다. 쉽게 만족하는 정신은 사람에게서 생명력을 앗아간다. 늙어도 아름다운 사람들이 있다. 그런 괜찮은 어른이 되기 위해 최선을 다해야 할 뿐이다.

내 집에 머물면
절망하지 않으리라

나와 함께 여기 내 집에 머물러 있는 한 그 누구도 절망하지 않으리라. (차라)

나는 속초에서 남쪽으로 조금 내려가면 있는 낙산사를 자주 들른다. 낙산사는 의상대사가 지었다고 한다. 낙산사에서도 홍련암을 가장 좋아한다. 서너 사람만 들어서도 꽉 차는 작은 암자이다. 그 바닥에는 손바닥만 한 구멍을 뚫어 유리로 막아놓았다. 절을 하면서 가끔씩 딴생각을 하도록 유혹하는 구멍처럼 느껴지기도 한다.

바닷가의 시끄러운 파도 소리와 맞서며 명상에 빠졌을 의상대사를 떠올리며 그 암자에 오랫동안 앉아보았다. 행복이 따로 없다. 작지만 큰 세상을 알게 해준 암자이다. 유학을 다녀와서 늘 주기적으로 찾는 장소가 되었다. 일상에서 벗어나 일탈을 하게 해주는 곳이어서 좋다. 그런 곳이 집이다. 쉴 수 있는 곳이 집이다.

언어로 집을 지어야 한다

"언어는 존재의 집이다."[9] 이것은 하이데거의 명언이다. 그는 이 말을 여러 작품 속에 다양한 문맥 속에서 남겨놓았다. 그런 '존재의 집'을 짓는 것이 관건이다. 인간은 생각하는 존재인 호모 사피엔스이고, 생각은 이성에 의해 논리적으로 탄생한다.

언어로 집을 지을 수 있어야 한다. 쉽지 않은 일이다. 집을 짓는 일은 숙련된 솜씨가 요구되기 때문이다. 쇼펜하우어도 자신의 대표작 『의지와 표상으로서의 세계』를 위한 서문 중에 이런 건축술에 대한 비유로 철학의 시작 지점을 마련해놓기도 했었다. 왜 철학자들은 이런 생각에 몰두하는 것일까? 집이라고 말하든, 건축물이라고 말하든 상관없다. 지금 우리가 던져야 하는 질문의 의미부터 깨닫는 것이 중요할 뿐이다.

'집 떠나면 개고생'이라는 말도 있다. 바꿔 말하면, 집에 머물면 편하다는 얘기이다. 그런데 그런 집을 언어로 지어야 한다는 것이 문제이다. 단어들을 벽돌 삼아 벽을 만들고, 어떤 부분은 창문으로 만들고, 또 어떤 부분은 출입문을 만들어야 한다. 그런데 그 모든 것은 보이지 않는 집과 관련한다. 그런 보이지 않는 집에서 인간은 살 수 있고, 또 그런 집에서 살아야 한다는 것이 문제이다.

어떤 언어가 재료로 쓰일지는 그 집을 짓는 자의 마음에 달렸다. 어떤 문장을 집을 짓는 데 사용할지는 말하는 자의 뜻과 의지에 달려 있을 뿐이다. 말은 벽돌이지만, 물리적인 벽돌처럼 늘 한결같이 존재하는 것도 아니다. 말이라는 것은 사용 안 하면 잊히고 만다. 문장 하나 외우는 것도 나이가 들수록 어려운 일이 된다.

백 개의 문장만 외우고 있으면

"풀밭에 누워 삶을 진지하게 되새김질하며 관망하는 저 영리한 암소 같은 감정의 고요함, 경건함, 시골 목사의 평안함에 대해 생각해 본다. 여기서 가장 멀리 떨어져 있다고 느끼는 이들이 바로 철학자들이다."(즐거운) "차라투스트라는 이렇게 말했다. 그때 그는 '얼룩소'라고 불리는 도시에 머물고 있었다."(차라) 암소들이 철학자들이다. 암소들이 모여 사는 도시의 이름이 얼룩소라 불리는 것이다. 도대체 지금 차라투스트라는 무엇을 말하고 있는 것일까?

"되새김질하는 참을성 많은 암소처럼 나는 묻는다. 네가 극복한 열 개는 무엇 무엇이었지?"(차라) "피와 잠언으로 글을 쓰는 사람은 그저 읽히기를 바라지 않고 암송되기를 바란다."(차라) "우리가 변화해 이들 암소와 같이 되지 않는다면 천국에 이를 수가 없다. 저들에게서 배울 것이 하나 있으니, 되새김질이 바로 그것이다."(차라) 암소들에게 되새김질을 배워야 한다. 천국 가는 지름길이 바로 되새김질이다.

"지금 백 개의 각운을 지니지 못한 자는 / 내기를 걸고 단언컨대 /

죽음을 맞으리라!"(즐거운) 이런 문장들이 집을 짓는 데 동원되어야 한다. 되새김질을 하려면 먼저 삼킨 것이 있어야 한다. 삼킨 것도 없으면서 되새김질을 하려고 하면 소용없는 일이다. 일단은 외운 것이 있어야 다시 꺼내 곱씹을 수 있는 것이다.

지금 당장 몇 개의 문장을 외우고 있는지 스스로 검증의 시간을 가져야 한다. 그리고 반성도 해야 한다. 솔직하지 않으면 철학은 물 건너간다. 백 개의 문장만 외우고 있으면 인생에 어떤 불행한 일이 닥쳐도 살아남을 수 있다고 니체는 장담한다. 이것은 죽고 싶지 않으면 최소한 백 개의 문장을 외워 달라는 말이기도 하다.

우리 모두는 생각하는 존재이고, 생각은 말로 진행되는 것이니 좋은 문장 백 개 정도 외우고 있으면 인생은 즐거울 것이 틀림없다. 낙타의 정신으로 짊어져야 할 짐이 있다면, 되새김질하며 곱씹어야 할 문장들이다. 그런 문장들이 모이고 모여 어른의 정신을 구현해낼 것이다.

집은 다양하다. 개집만도 못한 집도 있고, 호텔처럼 잠시 쉬었다가는 화려한 집도 있으며, 대궐이나 궁전 같은 웅장한 집도 있다. 자기가 살 집으로 자신은 어떤 집을 지을 것인가? 그것이 문제이다. 어떤 집에 살고 싶은가? 그것은 오로지 자신이 하는 말에 의해 결정될 뿐이다. 정신이 살 집은 자신이 하는 말에 의해 세워질 수밖에 없다.

사자의 단계에서 배워야 할 지혜는 모든 짐을 벗어던지는 것이다. 사자는 모든 쇠사슬을 끊는 정신을 구현한다. 저기를 동경하는 것이 아니라, 여기를 지배하고 즐기는 것이 사자이다. 떠나는 사람은 떠나게 하고, 오는 사람은 막지 않는 정신이 필요하다. 외부의 상황에 흔들리지 않는 굳건한 생각도 요구된다. 특히 사자의 이미지는 '금발의 야수'로 성장을 거듭한다. 야수성은 자연성과 맞물린다. 주인정신, 주인도덕 등 다양한 개념들이 사자의 정신과 엮이게 된다. 니체 철학의 정수가 바로 사자의 이미지로 구축된다.

2부

사자의 단계:
쇠사슬도 끊을 수 있어, 힘만 있으면

Nietzsche

4장

자유와 책임:
거인은 거친 바위와 함께 탄생한다

자기 의지로 굳게 선
사자의 정신

정신이 더 이상 주인 또는 신이라고 부르기를 마다하는 그 거대한 용의 정체는 무엇인가? '너는 마땅히 해야 한다.' 그것이 그 거대한 용의 이름이다. 그러나 사자의 정신은 '나는 하고자 한다'고 말한다. (차라)

어른의 형상을 무엇으로 말하든 상관없다. 때로는 거인으로, 때로는 초인으로, 때로는 사자의 정신으로 말해도 된다. 이는 우리가 군자의 도덕을 배우면서 군자를 성인이라 말하든, 선생이라 말하든, 현인이라 말하든 상관없는 것과 같다. 물론 그런 개념 자체가 다 똑같은 말은 아니지만 하나의 사물에 대한 다양한 면모를 보여주고 있다는 사실에서 인식을 얻어야 한다.

'거대한 용'은 무엇인가? 우리는 임금을 용의 형상으로 생각하는 데 익숙하다. 임금의 얼굴을 용안, 임금이 정무를 볼 때 앉던 평상을 용상, 임금이 입는 옷을 용포 등으로 말한다. 용은 좋은 것의 극단을 의미한다. 용은 신성한 것의 최고 경지를 일컫는다. 하지만 최고가 최고가 아닐 때도 있으며, 정상이 정상이 아닐 때도 있듯이 거대한 용이 거대한 용이 아닐 때도 있다. 이때는 어떻게 해야 할까? 바로 그것이 문제이다.

그런데 '거대한 용'의 이름이 '너는 마땅히 해야 한다'이다. 여기서부터 인식이 와줘야 한다. 함부로 발걸음 떼려 하면 안 된다. 수많은 독자가 여기서부터 발목이 잡혀 오해의 늪에 빠지고 말기 때문이다. 이해한답시고 까불지만, 자신의 선입견과 편견에서 벗어나지 못하고 자기 기준에서 타인을 폄하하는 작태를 보일 때가 너무도 많다.

영원한 가치는 존재하지 않는다

'용'이라고 말할 때는 그나마 문제가 미약하게 드러난다. 용을 '신'이라고 말하면 선입견과 편견은 노골적으로 드러나고 만다. '용을 때려잡았다'라고 말하면 그나마 수긍하기도 한다. 그런데 '신을 죽였다'라는 말이나 '신은 죽었다'라는 말을 들을 때는 선입견과 편견에서 발원하는 사나운 말들이 쏟아진다. 때로는 '네가 뭔데!' 하고 신경질적으로 대들기도 한다. 이런 작태들은 언어로 지어진 집을 제대로 구경도 못한 정신들이 보이는 꼴불견들이다.

정신도 정신 나름이다. 정신없이 사는 사람도 있다. 일상에 치여 시간에 쫓겨 사는 인생도 있다. 남의 시선에 신경을 곤두세우며 사는 가련한 인생도 있다. 기준을 밖에서 찾는 정신의 현상이 이런 것이다. 그런 정신이 정상 행세를 하는 세상에서 전혀 다른 정신으로 산 영웅이 돈키호테였다. 세르반테스는 그의 인생을 위한 묘비명의 마지막 말을 다음과 같이 기록해놓았다. "미치광이로 세상을 살다가 / 본정신으로 세상을 떠났으니."[10]

중세의 시선으로 바라보면 돈키호테는 미친 사람이 맞다. 하지만 근대의 시작이라는 시선으로 바라보면, 그는 르네상스를 이끈 선구자가 틀림없다. 한때는 '거대한 용'이었지만, 그 거대함의 의미가 이제 무색해지고 말았다면, 그 거대함에서 벗어날 줄도 알아야 한다. 그것이 용이라면 용을 때려잡는 일에도 앞장서야 하는 것이다. 영원한 가치는 존재하지 않는다. 이 세상의 모든 것은 변화 속에서만 존재할 뿐이다.

이 세상에서 영원한 것은 변화뿐이다. "절대적 진리가 없는 것과 마찬가지로 영원한 사실도 없다."(인간) "그 어느 것도 참 되지 않다. 모든 것이 허용된다."(차라) "진리란 없다. 모든 것이 허용된다."(도덕) 니체는 한결같다. 그는 늘 반복하며 말을 이어갔다. 아무리 반복해서 설명해도 귀를 닫고 있으면 들리지 않는 법이다. 생각을 틀에 가둬놓고 나면 아무리 역설을 쏟아놓아도 보이는 것이 없는 지경에 처해지는 것이다.

세상 밖으로 나오라! 그리고 정신이 더 이상 인정하지 않는 거대한 용을 바라보라! 아무리 거대해도 그저 눈앞에 놓인 용에 불과하다. '너는 마땅히 해야 한다'라는 말 앞에서 '왜 그래야 하는 건데? 네가 뭔데?' 하고 맞서면 왠지 모를 용기도 감지될 것이다. 거대한 용, 그는 이제 더 이상 주인이 아니다. 그를 더 이상 신이라고 부르고 싶지 않다. '신이라고 부르기를 마다하는' 그런 정신에 대한 인식이 올 때까지 독서를 멈춰야 한다.

이제 짐을 벗어던질 때가 되었다

신이 신의 자격을 상실했다. 그런 신이 존재한다. 그런 신의 존재 앞에서, 삶은 또 다른 신을 찾아야 하는 숙제를 떠안게 된다. 이때 사자의 정신이 앞장을 선다. 그 사자의 정신에 어울리는 이름으로 니체는 '나는 하고자 한다'를 알려주었다. 두 개의 이름을 앞에 두고 한참을 고민해야 한다. '너는 마땅히 해야 한다'라는 이름이 앞장설 때도 있고, '나는 하고자 한다'라는 이름이 앞장을 서야 할 때도 있다.

낙타의 정신이 짐을 짊어지는 정신이었다면, 이제 사자의 정신이 나서서 그 짐을 벗어던질 때가 되었다. 짊어져야 할 짐을 필요로 할 때는 짐을 찾아 떠나는 것이 숙제였지만, 그 짐이 더 이상 짐의 가치를 지니고 있지 않다면 과감하게 벗어던질 줄도 알아야 한다. 정이 들어야 할 때는 최선을 다해 속에 든 마음조차 줘야 하고, 정을 떼야 할 때는 인정사정 보지 않고 마음을 거둬들이고 매정하게 돌아설 줄도 알아야 하는 것이다.

돌아서야 할 때는 '나는 하고자 한다'라는 이름으로 존재를 규정해야 한다. 자신의 의지로 삶을 결정해야 한다. 남의 의지로 산 것이 지금까지의 인생이었다는 것을 알았다면, 그런 의지에서 벗어나는 것도 배워야 한다. 그래서 의지도 의지 나름인 것이다. 소위 '행동 대장'은 주인을 섬기는 정신의 한계 속에서 멈춰 있을 뿐이다. 하지만 니므롯은 신조차 죽이고 스스로 신으로 등극하는 르네상스의 정신을 구현하고 있다는 사실도 깨달아야 한다.

웃는 사자가 탄생하기를
기다리는 정신

보다 지체가 높은 자, 보다 강한 자, 보다 당당한 자, 보다 쾌활한 자, 신체
와 영혼에서 올곧은 자를 나 기다리고 있는 것이다. 웃는 사자들이 반드시
나타나야 하니! (차라)

기다림을 주제로 한 최고의 작품은 사무엘 베케트의 연극 〈고도를
기다리며〉일 것이다. 베케트는 이 작품에서 소위 '잘못된 기다림'을
보여준다. 이 작품은 나의 청춘을 관통한다. 유학을 떠나기 전에 마
지막으로 본 연극도, 유학을 마치고 와서 처음 본 연극도 이것이었
다. 순진했던 약관의 청년은 럭키를 향해 '그 끈을 목에 걸지 마!'라
고 속으로 외치기도 했다.

무대 위에는 두 사람이 무료한 시간을 보낸다. 블라디미르와 에스
트라공이 그들이다. 블라디미르는 블라블라 하는 무의미한 말을 연
상케 하고, 에스트라공은 고고하는 '가라'는 말을 연상케 한다. 블라
디미르는 모자가 말썽이고, 에스트라공은 신발이 말썽이다.

에스트라공이 말한다. "그만 가자." 블라디미르가 만류한다. "가선

안 되지." "왜?" "고도를 기다려야지." "참 그렇지." 잊을 만하면 반복된
다. 연극이 끝나갈 무렵 어린아이가 등장해서 '고도는 내일 온다'고
말하곤 사라진다. 두 사람은 보이지 않는 끈에 묶여버린다.

모든 것을 압도하는 존재의 등장

무대에 등장하지 않으면서도 연극의 주인공으로 등장하고 있는
'고도'라는 이름의 발음은 왠지 모르게 '고트 이스트 토트Gott ist tot'
라는 독일어를 떠올리게 한다. '신은 죽었다'가 그 뜻이다. 주인공이
면서 주인공이 아니다. 신이면서 신이 아니다. 이런 공식이 인식되면,
연극은 재밌어진다. 고도가 신은 죽었다는 뜻일까? 확인할 길은 없지
만 무시할 수도 없다.

인간의 실존이라는 상황은 오지도 않는 고도를 기다릴 때 부조리
하게 드러나고 만다. 어린아이가 등장해 또다시 '내일 온다'라는 말
을 남기면서 떠날 수 없는 지경을 만들고 만다. 수수께끼 같은 장면
이다. 보이지 않는 끈에 얽매여 이러지도 저러지도 못하는 지경이 되
고 만 것이다. 이런 부조리의 상황은 과연 누구 책임일까?

니체가 설명하고 있는 철학적 기다림은 베케트가 무대 위에서 보
여준 기다림과 정반대의 원리로 펼쳐진다. 고도를 기다리는 것은 잘
못된 것이지만, 니체의 철학적 기다림은 올바른 기다림이다. 그래서

권할 만한 기다림이다. 우리는 이미 '무를 기다리다'가 차라투스트라라는 영감을 얻었다는 말이 담겨 있는 〈질스마리아〉라는 시를 읽은 바 있다.

니체의 철학적 기다림은 '웃는 사자'를 향한 동경이다. 그는 모든 것을 압도하는 존재의 등장을 기다리고 있다. 갈퀴로 주변을 장식한 거대한 사자의 얼굴은 뜨거운 열기로 가득 채운 태양의 얼굴을 닮기도 했다. '아직도 밝아 오지 않은 수많은 아침놀'을 기다리듯이, 그렇게 니체는 사막에서 '웃는 사자'의 등장을 염원하고 있다. 웃는 태양의 등장이라고 말해도 된다.

'웃는 사자'는 '보다 지체가 높은 자'이고, '보다 강한 자'이고, '보다 당당한 자'이고, '보다 쾌활한 자'이고, '신체와 영혼에서 올곧은 자'이다. 이런 존재를 니체는 기다리고 있다. 그 존재가 '웃는 사자'라는 개념으로 불리고 있을 뿐이다. 개념은 하나이지만, 그 하나의 개념이 의미하는 바는 다양하다. 그것을 깨달으면 되는 것이다.

내가 나를 버리는 과감한 선택

다양한 것은 내용이고, 그 다양한 내용을 아우르는 것이 단일한 형식이며, 그런 형식이 하나의 개념을 형성하게 해준다. 다양성과 단일성은 이 세상 모든 존재에게 적용되는 공식이다. 예를 들어 내가 알고 있는 강ா도 정말 많다. 고향의 정서와 연결되어 있는 동심 속의 낙동강도 있고, 요즈음 문학과 철학을 아우르려는 의도에서 자주 찾아가는 두물머리도 있다. 그곳에서는 남한강과 북한강이 합쳐진다. 머리가 두 개인 강의 이름이 두물머리이다.

니체는 '웃는 사자들이 반드시 나타나야 한다'고 말한다. '사자들'이라고, 즉 복수형으로 말했다. 단 하나의 사자를 말하고 있지 않다. '나의 나다움'은 단 하나의 이름으로 모든 것을 아우를 수 있지만, 그것은 또다시 수많은 얼굴로 드러나야 한다.

우리 모두는 '자기'와 '자신'과 '자아'를 동시에 지닌다. '자기'는 가장 본질적인 개념이어서 '깊음 위의 흑암'과 같은 심연을 동반하고, '자신'은 가장 현상적인 개념이지만 늘 자기를 전제할 때만 안정을 취한다. 우리는 언제나 '자기 자신'이라고 말하지, '자신 자기'라고 말하지 않는다는 것도 깨달아야 한다.

마지막으로 우리는 '자아'를 지니고 있다. 우리는 거울을 바라보면서 자아를 확인한다. 우리의 시인 윤동주는 〈자화상〉에서 우물 속을 들여다보다가 돌아설 수밖에 없는 미운 사나이를 발견한다. 우물 속에서 모습을 드러낸 그 사나이는 과연 누구일까? 또한 시인 이상은 『오감도』의 〈시제15호〉에서 거울 속을 들여다보면서 이런 말을 남겼다. "나는거울없는실내에있다. 거울속의나는역시외출중이다"[1]라고. 늘 묵상하며 되새김질하자.

거울 속에는 거울이 안 보인다. 거울 속으로 들어오는 것만 보여

줄 뿐이다. 결국 시인 이상은 거울을 들여다보고 있다는 말을 '거울 없는실내에있다'는 식으로 표현한 것이다. 그런데 그곳에 있어야 할 내가 없다. 자아를 상실한 상태가 '외출 중인 나'로 설명되고 있다. 가히 천재적인 발상이다. 이런 시적 언어는 세상에 알려야 한다.

　나라를 잃은 시대에 우리의 천재들은 또 다른 나를 기다리고 있다. 이는 마치 니체가 '웃는 사자'를 기다리고 있는 것이나 다름없다. 지금의 '나', 현재의 '나'는 싫다. 그런 나의 존재는 인정하기 싫다. 절이 싫으면 중이 떠나야 한다는 말이 있는 것처럼, 내가 나를 싫어할 때는 내가 나를 버리는 과감한 선택이 요구된다. 이때 필요한 것이 사자의 정신이다.

　"이제 새벽이 오면 / 나팔 소리 들려 올 게외다." 윤동주의 시 〈새벽이 올 때까지〉를 마감하는 구절이다. 이런 '나팔 소리'를 들은 자가 리하르트 슈트라우스였고, 그는 『차라투스트라는 이렇게 말했다』라는 동일한 제목의 교향곡을 만들어냈다. 그 음악의 시작은 가녀린 나팔 소리가 담당하지만, 곧 팀파니의 거친 북소리로 이어진다. 음악의 형식으로 전환된 차라투스트라의 등장도 불멸이 되었다. 슈트라우스가 연출해낸 소리로 태양이 뜨는 장관을 연상하는 것은 어렵지 않다. 소리를 듣고 있지만, 눈으로 그 소리를 보고 있다는 느낌까지 생겨날 때 일종의 '관음'의 경지를 경험한다. 그런 거친 소리와 함께 우렁차게 '웃는 사자'가 등장하는 것이다.

126

도덕을 분쇄하고 넘어서는
의지의 탄생

우리는 바로 도덕을 넘어간다. 우리가 저쪽을 향해 항해하고 위험을 감행할 때, 아마 이때 우리는 우리들 자신의 도덕의 잔재를 짓누르고 분쇄하게 될 것이다. ― 그러나 그것이 우리와 무슨 상관이 있다는 말인가! (선악)

우리는 지금까지 도덕은 좋은 것이라고 배워왔다. 길에서도 길을 찾고자 하는 열망으로 도道를 향한 공부에 임했던 것이다. 하지만 니체는 도덕 위에서도 춤을 추는 정신을 요구한다. "우리는 도덕 위에도 서 있을 줄 알아야 한다. 매 순간 미끄러져 넘어질 것을 두려워하는 경직된 두려움을 가지고 그 위에 서 있는 것이 아니라, 그 위에서 뛰놀 줄 알아야 한다!"(즐거운) 니체에게 도덕은 무대가 된다. 정신이 뛰놀 수 있는 그런 무대가 도덕이다.

"도덕을 설교하기는 쉽지만, 도덕의 기초를 놓는 것은 어렵다."(반시대) "삶은 결코 도덕에 의해 창안된 것이 아니다."(인간) "너는 너의 주인이며 동시에 네 자신의 미덕의 주인이 되어야만 한다. 과거에는 미덕이 너의 주인이었다. 그러나 그 미덕은 다른 도구들과 마찬가지로,

오로지 너의 도구여야 한다."(인간) "나는 도덕에 대한 우리의 신념을 파내기 시작했다."(아침) 니체는 새로운 도덕의 기초를 놓고 싶어 하고, 또 동시에 그런 도덕에 대한 비밀스러운 신념을 폭로하고 싶어 한다. 도덕이 도래해주기를 바라기도 하고, 또한 그런 도덕을 과거지사로 만들고 싶기도 하다. 이럴 때도 있고, 또 저럴 때도 있다. 이것이 사람을 헷갈리게 한다. 사랑한다는 말인지, 증오한다는 말인지 헷갈리게 하는 것이다.

마음의 여유가 생기면 못할 일은 없다

니체의 글을 읽을 때마다 발목이 잡히게 하는 구절은 '신은 죽었다'라는 과격한 말이다. 하지만 그 말로 인해 니체는 불멸이 되었다. 별이 되게 해준 그 말의 의미를 알아보는 것은 우리의 책임이다. 인류가 인정해주는 그 말을 몰라보는 것은 우리의 잘못이다. 불멸이 된 철학자의 이념을 알아보지 못하는 것은 우리의 책임이다. 별을 보지 못하는 것은 우리의 손해일 뿐이다.

고전을 읽을 때는 겸손해야 한다. 니체는 인류 역사상 가장 위대한 철학자들 중의 한 명으로 꼽힌다. '신은 죽었다'라는 그 말에 얽매이지 말고, 신을 살려내는 또 다른 말에도 귀를 기울여야 할 때가 된 것이다. "우리는 바로 도덕을 넘어간다." 넘어가는 것이 관건이다. 도덕을 도덕으로 인정해야 할 때도 있고, 그런 도덕을 뛰어넘어야 할 때도 있는 것이다.

생명이 다한 것을 붙들고 오열하면 자기 손해일 뿐이다. 돌아서야 할 때는 정 떼기라는 어렵고도 힘든 과정을 거쳐야 한다. 이 과정을 피해갈 수가 없다. 살고 싶으면 돌아섬을 실천해야 한다. 키우던 반려견과도 이별해야 할 때가 있고, 타고 다니던 자전거와도 작별해야 할 때가 있으며, 글을 키워주던 볼펜과의 이별을 받아들여야 할 때가 있고, 자기만을 위한 제사를 지내며 떠나간 영혼을 위로해줘야 할 때도 있다.

"우리는 바로 도덕을 넘어간다." 도덕을 넘어서고 나면 무엇이 보일까? 여기에서의 '도덕'을 '선악'으로 말해도 된다. 그러면 이런 질문도 가능해진다. '선악을 넘어서고 나면 무엇이 보일까?' 이런 질문이 가능해지면 마침내 '선악의 저편'에 대한 인식도 멀지 않은 곳에 있을 것이다.

도덕을 무대 삼아 춤을 출 수 있는 정신이라면, 선악을 무대로 삼아 춤을 출 수도 있는 것이다. 선악을 발로 밟을 수 있는 지경으로 연출해낼 수 있는 정신이라면, 신을 죽이는 살해의 현장 앞에서도 충분히 여유를 가지며 춤을 출 수 있게 될 것이다. 이해하면 품지 못할 것이 없다. 마음의 여유가 생기면 못할 일은 없다. 언제나 마음에 여유가 없다는 것이 문제가 될 뿐이다.

모든 것을 무로 만드는 정신

'넘어간다'라는 말은 초인의 이념이다. 넘어서는 것이 초인의 일이다. 여기서 저기로 갈 수 있는 정신이 초인의 것이다. 이런 생각 저런 생각을 자유롭게 할 수 있는 정신이 초인의 능력이다. 어느 하나를 무시하는 것이 아니라, 어느 하나에 얽매이지 않는 것이 초인의 이념이다. 유일신 사상을 거부하는 것이 아니라, 그 유일성의 의미를 파악하는 것이 관건이다.

우리는 여전히 중세의 그늘에서 벗어나지 못하고 있다. 중세는 고대의 후배들이 만들어낸 세계일 뿐이다. 중세보다 더 긴 세월이 고대의 것이었다. 고대에는 신들이 살았다. 신들의 세상이 고대의 것이었다. 그런 세상을 무너뜨린 세대가 중세였으며, 무려 천 년을 지나갔다. 그러면서 우리의 인식은 굳어지고 말았다. 인식을 위한 인식이 탄생하고만 것이다. '신은 유일신'이라는 단 하나의 공식에 갇혀버린 것이다.

"우리는 지금도 중세의 빙하 속에서 살고 있다."(반시대) 이것이 니체의 현실 인식이다. 우리의 정신은 여전히 중세의 감옥 속에 갇혀 있다. '해석된 세계'[12] 를 앞에 두고서도 그 현상의 본질을 깨닫지 못하고 있는 것이다. 정신이 해석에 갇히면 답이 없다. 독서할 때도 1차 문헌이 중요한 것이지, 2차 문헌이 중요한 것은 아니다. 셰익스피어를 공부할 때도 그의 작품이 중요한 것이지, 그 어느 누군가의 해석을 기준으로 해 생각에 임하면 안 되는 것이다.

자기 파괴! 정말 쉽지 않은 일이다. 자기를 죽이고 나서 '신은 죽었다'라고 선포할 수 있는 정신의 출현은 무를 기다리는 정신만이 가능하게 해줄 뿐이다. 모든 것을 무로 만드는 정신만이 웃는 사자의 등장을 예고해줄 뿐이다. 수천 년 전에 "너희는 주의 길을 준비하라 그가 오실 길을 곧게 하라"(마태복음 3:3)라고 외쳐댔던 세례 요한처럼, 니체는 지금 "도덕을 넘어서는 위험한 감행을 통해 사자의 등장을 준비하라"고 외쳐대고 있는 것이다.

자기 자신을 넘어
저편으로 넘어가는 자

그대들은 한낱 교량에 불과하다. 보다 지체가 높은 자들이 그대들을 딛고 넘어서 저편으로 나아가기를 바란다! 그대들은 계단인 것이다. 그러니 그대들을 딛고 그 자신의 높이에 오르고 있는 자들에게 화를 내지 말라! (차라)

신을 죽이는 철학, 신을 죽이고 신이 되는 철학자! 이런 철학자의 철학을 이해하고 나면 인문학이 보일 것이고, 생철학과 현상학 그리고 실존철학에서 실존주의로 넘어가는 현대 철학까지 가시권에 들어올 것이다. 먼 곳까지 이르는 풍경이 아름답게 보일 것이다. 탁 트인 세상을 앞에 두고서 '야호!' 하며 함성을 지를 수도 있을 것이다.

자기는 자신을 극복해야 한다. 자신은 자기를 극복해야 한다. 보이지 않는 자아를 찾아서 나는 먼 여행을 떠나야 한다. 아폴론 신전에 적혀 있었다는 그 유명한 말, '그노티 세아우톤Gnothi seauton'은 인류를 위한 불멸의 공식이다. '너 자신을 알라'는 말이 그 문장의 의미이지만, 그 말로 아우를 수 있는 영역은 무궁무진하다. 나의 나다움 자체가 한계를 넘어선다.

나는 나다! 나는 내가 아니다!

"나는 나다! 나는 내가 아니다!" 긍정과 부정은 끝도 없이 펼쳐진다. 죽을 때까지 정신은 '나는 누구인가?'라는 질문 앞에 세울 것이다. 준비되지 않은 정신은 지옥의 불을 보게 할 것이다. 질문을 감당할 수 없는 정신은 지옥의 온도를 느끼게 해 줄 것이다. 그래서 간절하게 부탁하는 바이다. 죽기 전에 깨달아달라고. 죽기 전에 철학으로 준비를 해달라고.

"그대들은 한낱 교량에 불과하다." 모자란 자는 짓밟힐 수밖에 없다. 힘이 부족한 자는 강한 자의 지배를 면할 수 없다. 강한 내가 약한 나를 이겨낼 때 자기 극복이 실현되는 것이다. 여기서 저기로 넘어가게 해주는 교량이 바로 자기 자신이다. 자기 자신을 이용할 줄 알아야 초인이 탄생하는 것이다.

"보다 지체가 높은 자들이 그대들을 딛고 넘어서 저편으로 나아가기를 바란다!" 이것이 니체가 말하는 저편의 현상이다. 니체가 말하는 내세관이다. 넘어선 자만의 세상이다. 선악의 저편이다. 선악을 넘어서고 나서 새로운 선악의 이념으로 바라보는 그런 세상이다. 극복하고 나면 선이 되었든, 악이 되었든 모두 상관없다. 그 둘은 그저 품 안에 든 대상이 될 뿐이다.

산 정상에 오른 정신이 내뱉는 함성은 '야호!'이다. 그 소리의 의미는 산 정상에 오른 정신만이 알고 있을 뿐이다. 아무리 말로 설명을 해줘도 정상에 올라서지 못한 정신은 그 소리가 무슨 소리인지 깨닫지 못한다. 안타까운 시간이 지나갈 뿐이다. 하나에 얽매인 정신이 삶을 지배할 뿐이다. 난쟁이의 지배를 당하는 정신이 이런 것이다.

죽음에 얽매여 한평생을 희생시키지 마라

자기 자신은 교량이다. 자기 자신은 계단이다. 교량과 계단은 과정이다. 삶은 과정의 의미를 명사화해놓은 것에 지나지 않지만, 그 과정이 삶의 본질을 형성하게 해준다. '사람은 살아 있어야 한다'는 이 말의 의미를 깨달을 때, 죽음의 의미도 함께 주어질 것이다. 꼭 죽어봐야 죽음을 알 수 있는 것이 아니다. 사실 죽어본 사람은 아무도 없다. 사실 죽음에 대해 정확히 아는 사람은 아무도 없다. 아니, 도저히 알 수 없는 것이 죽음이다.

결국에는 알 수 없는 것이 죽음인데, 그런 죽음에 얽매여 한평생을 희생시킨다면 그것은 삶이라는 소중한 선물을 부여받은 사람이 할 짓이 못 된다. 사람은 살아야 한다. 살아도 멋지게 살아야 한다. 하고 싶은 대로 살다가 죽어도 아쉬움이 남는 것이 삶이다. 최선을 다하고도 최선을 다했다는 증거를 확인할 길이 없는 것이 삶이다. 늘 '후회'라는 무서운 얼굴을 품고 있는 것이 삶이다. 그래도 사람은 살아 있어야 사람인 것이다.

"자기 자신을 넘어서서 저편으로 나아가라!" 이것이 니체의 철학적 명령이다. 넘어서야 할 대상으로서의 자기 자신에 대한 인식도 필요하고, 그것을 파괴하는 살해의 원리를 깨닫는 것도 필요하며, 모든 것을 무로 만든 후에 등장하는 새로운 인식도 감당할 수 있도록 만반의 준비를 해두어야 한다.

버려진 자는 버려짐의 현상 앞에서 당황할 필요도 없다. 그것을 품어주면 된다. 그런 인식이 나이테를 형성해줄 것이다. 그런 인식이 자기 자신을 희생시키는 제사라는 공식을 이해하게 해줄 것이다. 자기를 죽여 놓고 제사를 지내는 또 다른 자아를 발견해내는 그런 현장이 철학적으로 이해가 될 것이다. 이해가 되면 품어줄 수 있는 여유도 생기는 법이다.

인간이 주인이 되는
위대한 정오

신 앞에서라니! 신은 죽어 없거늘! 보다 지체가 높은 인간들이여, 신이 그
대들에게 더없이 큰 위험이었지. / 그가 무덤에 든 후에야 비로소 그대들
은 부활할 수가 있었다. 이제 비로소 위대한 정오가 다가오고 있으며, 이
제야 비로소 보다 지체가 높은 인간이 주인이 되는 것이다! (차라)

'위대한 정오'는 끝도 없이 반복되는 비유이다. 비유는 어떤 비유
가 되었든 간에 만만치 않다. 그래서 신도 "비유를 배우라"(마태복음
24:32)라고 간곡하게 명령을 했던 것이다.

비유는 배워야 한다. 비유를 배우는 것은 문학적 훈련이다. 그런
문학적 훈련이 철학적 이념으로 넘어가게 해줄 것이다. 그리고 철학
적 훈련이 충분해졌을 때, 또다시 문학은 새로운 세상을 보여줄 것이
다. 이런 식으로 니체의 문체는 문학과 철학을 아우르며 매진할
뿐이다.

부활의 공식은 죽음을 전제할 뿐이다. 죽음이 앞서야 부활이 가능
하다. 그런데 죽음과 부활이 맞물리는 자리에서 인식을 구해야 한다

는 것이 문제이다. '죽었지만, 죽지 않았다.' 그것이 이해되어야 부활의 공식을 깨닫게 된다는 말이다. 죽지도 않았으면서 부활을 꿈꾼다면, 그것이야말로 어불성설이다. 죽음을 모르면서 영생을 꿈꾼다면, 그저 욕심이 과한 것이다.

떠나고 떠나 끝까지 간 자

니체는 자서전 『이 사람을 보라』에서 "하나의 신상에 깔려 죽는 일이 없도록 주의하라!"(이 사람)라고 말했다. 그러면서 그는 제자들에게 자기를 떠나달라고 요구했다. 떠날 수 있는 자가 만날 수 있기 때문이다. 자기 자신을 버릴 수 있는 자가 마침내 자기 자신을 새롭게 얻을 수 있다. 떠나고 떠나 끝까지 간 자가 자기 자신이라는 신을 만들 수 있다.

신은 신일 뿐이다. 신 자체를 부정하는 것이 아니라, 하나의 신을 조심해야 한다. 다른 신은 충분히 존재할 수 있다. 사람은 누구나 개인으로서 혼자가 될 수밖에 없는 존재이지만, 그 유일성을 통해서 개체의 의미를 깨닫는 것이 관건이다. 모든 개인은 개성을 전제하고, '모든 개성은 신성하다'는 말에도 귀를 기울여야 한다.

자신을 죽일 수 있는 자만이 부활의 영광을 꿰찬다. 죽음을 인정하는 자만이 부활의 의미를 깨닫는다. 신이 죽었다고 인식한 자만이 자기 자신을 새로운 신 앞에 세울 수 있게 된다. 그렇게 새로운 신을 앞에 세울 수 있게 되었을 때, 자기 자신은 새로운 숭배의 제단 앞에 서게 되는 것이다.

주인도덕이 삶을 지배하게 하라

인간에게 가장 위험한 존재는 신이다. 신은 사람을 죽일 수도 있다. 사람은 누구나 신을 필요로 하고 신에게 의존할 수밖에 없는 존재이지만, 그런 신이 그토록 위험하다는 데서 인식을 얻어야 한다. 지금 죽어 있는 그 신이 과거에는 가장 위험한 존재였다. 하지만 그 가장 위험한 존재를 이겨내고 나면 존재는 위대한 현상으로 모습을 드러내고 만다.

부활의 시간, 그때가 바로 '위대한 정오'의 순간이다. 신을 죽이고 나서 스스로 신이 되는 순간이기 때문이다. 이 정오의 순간에 정신은 자기 삶의 주인이 되는 것이다. 주인도덕이 그때 탄생하는 것이다. 노예도덕을 극복하고 나면 주인도덕이 삶을 지배하게 되는 것이다. 여기서도 오해는 없어야 한다. 니체는 노예도덕은 배제하고 주인도덕을 선택하는 그런 배타적 이분법으로 도덕을 설명하지 않았다. 늘 '도덕도 도덕 나름'이라는 말에 귀를 기울이자.

사람은 살아가면서 때로 노예가 되어야 할 때가 있다. 낙타의 정신으로 무릎을 꿇고 짐을 짊어져야 할 때도 있는 것이다. 하지만 평생을 노예로 산다면 그것은 자기 잘못이다. 사람은 변해야 한다. 때로는 짐을 벗어 던지고 자유를 부르짖을 수도 있어야 한다. 그때 요구되는 것이 바로 사자의 정신이다. 사자의 정신이 자기 삶의 주인으로 등극하는 것이다.

우상에 갇힌 정신은
정신이 깨야 한다

이제 나의 망치는 저 형상을 가두어두고 있는 감옥을 잔인하게 때려 부순
다. 돌에서 파편이 흩날리고 있다. 무슨 상관인가? (차라)

니체는 망치를 들고 철학하는 방법을 가르치고 있다. '망치를 들고
깨는 대상은 돌이지만 그 돌이 자신'이라는 공식은 또 다른 영역으로
넘어가게 해준다. 자기 자신을 파괴할 때 튀는 파편은 어쩔 수 없다.
그때는 파편이 튀어도 좋다. 그 정도는 문제가 되지 않는다.

사랑니를 뽑을 때는 진정한 사랑이 남겨놓은 상처와 아픔에 버금
가는 고통과 마주해야 하는 것처럼, 자기를 가두고 있는 돌을 깰 때
는 자기 파괴라는 고통을 견뎌내야 한다. 세상에서 제일 아픈 것이
자기 자신과의 싸움에서 발생한다.

자기 자신을 죽이기 전에 먼저 자기 자신을 신으로 만드는 것이 필
요하다. 스스로 신이 될 수 있는가? 그것이 문제라는 얘기이다. 스스
로 신도 되어보지 못한 자가 '신은 죽었다'라는 말을 듣게 되면, 그야

말로 도저히 이해할 수 없는 지경에 처해지고 만다. '그동안 확신했던 사실들을 발아래 두고 굽어볼 수 있는가?' 그런 시선은 극복한 자의 것이다.

정신이 깨부수는 돌이 있다

니체의 미완성으로 남겨진 책의 제목은 『권력에의 의지』이고, 그 의지는 스스로 신이 되는 지경을 지향한다. 『우상의 황혼』의 부제목은 '어떻게 망치를 들고 철학하는지'이다. 망치는 망치질을 하는 사람에 의해 그 의미가 완성된다. 망치로 사람을 때려잡을 때는 흉기가 되지만 사람을 만들어내는 도구로도 사용될 수 있는 것이다.

철학적 망치질은 자기 자신을 감싸고 있는 허물을 깨고 파괴하는 데 집중한다. 허물에 대한 인식은 수많은 비유로 작품 속에 남겨졌다. 헤르만 헤세의 소설 『데미안』에서 알을 깨고 나오는 새가 대표적이다. "새는 알에서 나오려 한다. 알은 세계이다. 태어나려 하는 자는 하나의 세계를 깨뜨려야 한다. 새는 신에게로 날아간다. 신은 아브락사스이다."[13]

또한 『데미안』에는 이런 글도 읽을 수 있어서 그 의미가 남다르게 다가온다. "그러나 나는 자유로웠다. 나 자신을 위해 온 하루를 쓸 수 있었다. 교외의 오래된 낡은 집에서 조용하고 아름답게 지냈고, 내 책상 위에는 니체가 몇 권 놓여 있었다. 니체와 함께 살았다. 그의 영혼의 고독을 느꼈다."⁴ 책상 위에 니체를 몇 권 놓은 헤세가 보인다.

헤세의 '데미안'과 니체의 초인 정신은 맥락을 같이한다. 둘은 서로의 의미를 공유한다. 데미안은 망치를 들고 철학에 임하는 문학적 비유가 된다. '데미안'을 이두 형식으로 옮겨놓은 제목은 고대 그리스어로 '다이몬daímōn'이고, 라틴어로는 '다에몬daemōn'이다. 그 의미는 크게는 정신을 뜻하지만, 때로는 악마의 의미로 해석될 때도 있다.

알을 깨는 정신은 파괴의 정신이고, 그런 정신은 악마의 힘을 지녔다. 정신이 깨부수는 돌이 있고, 정신을 가둬놓는 돌 같은 감옥도 있다. 정신이 강할수록 감옥의 벽은 견고할 것이다. 정신력이 강한 사람일수록 자신을 가둬놓는 감옥 또한 상상을 초월할 것이다. 하지만 정신이 자유로워지려면 뭐든지 깰 수 있어야 한다. 파격만이 진정한 창조를 이끌 것이다.

생각은 자유로워야 한다

『우상의 황혼』에서 니체는 '상처에 의해 정신이 성장하고, 새 힘이 솟는다'¹⁵는 말을 좌우명으로 밝혀놓았다. 힘이 솟구치게 하는 상처가 있어서 감사할 따름이다. 이런 상처가 있어서 철학을 할 맛이 난다고 할까. 니체의 망치는 형상을 구원하는 데 주력한다. 그 형상을 감싸는 것이 돌이라면, 그 돌을 깨는 일은 망치가 감당해야 할 몫이다.

"세상에는 진짜보다 우상들이 더 많다. 이것이 이 세계에 대한 나의 '못된 눈길'이자, 나의 '못된 귀'이다…. 여기서 한번 망치를 들고서 의문을 제기해본다."(우상) 망치가 하는 일이 의혹 제기다. 질문을 할 수 있는 정신으로, 정신에 망치질을 할 수 있는 것이다. 세상에는 진짜보다 우상들이 너무도 많다. 우상은 깨져야 마땅하다. 우상에 갇힌 정신은 정신이 깨야 한다.

"여기서는 마치 소리굽쇠를 가지고 치듯이 영원한 우상들을 망치를 가지고 치게 될 것이다."(우상) '영원한 우상'을 깨는 일이 니체가 철학적으로 하는 일이다. 그가 걷는 철학의 길에서는 늘 우상을 깨는 일로 가득하다. 우상은 돌처럼 물처럼 존재하는 것이 아니라, 생각의 형식 속에서 생각의 내용을 점유하는 공식으로 존재할 뿐이다.

우상은 언제나 생각의 결과물이다. 그래서 생각은 자유로워야 한다. 자유를 위해서는 지속적으로 우상을 견제해야 한다. 우상이 없을 수는 없다. 이성은 이상을 추구할 수밖에 없고, 이상을 추구하는 한 우상이라는 덫에 걸리는 실수는 피할 길이 없다.

Nietzsche

5장

맹수와 자연:
금발의 야수는 자신의 운명을 개척한다

숲과 원시림 속에서
혼자가 된 나

나는 혼자다. 아, 단지 혼자일 뿐이다. 그런데 이처럼 거대한 숲과 원시림이 있구나! (선악)

나는 혼자다. 혼자가 된 나의 존재가 인식의 대상이 될 때가 있다. 늘 혼자가 된 상황과 함께 기억나는 장면으로 단테의 『신곡』이 보여주는 첫 장면을 지울 수가 없다. "일찍이 사람이 살아서 나온 예가 없는 숲이 그곳에 있었다. / 피로한 몸을 잠시 쉬고 나서 / 나는 인적 없는 비탈길을 계속 비틀거렸다. / 그런데 곧 산의 오르막길에 접어들자 / 경쾌하고도 민첩한 표범 한 마리가 나타났다."[16]

표범 한 마리가 나타났다! 말은 쉽게 했지만, 그것을 실제 상황으로 옮겨놓으면 절체절명의 순간임을 알 수 있다. 독서는 이렇게 실감나게 읽어낼 때 인식을 선사해준다. '옛날 옛적에 호랑이가 담배를 피웠어요, 어흥!' 하는 소리에서 호랑이의 무섭고도 우렁찬 소리를 들을 수 있어야 이야기는 힘을 얻는 것과 같은 이치이다.

숲에 대한 인식은 세계에 대한 인식이다

숲이 문제의 핵심이다. 근대 르네상스를 이끈 정신도 바로 숲에 대한 인식과 함께 시작을 알렸다. 단 한 번도 들어가 본 적이 없는 숲에 근대의 정신이 발을 들여놓은 것이다. 그곳에서 피로한 몸을 이끌고 비탈길을 비틀거리며 걸어야 했다. 게다가 오르막길에서 만난 것이 표범이다. 힘들 때 맹수가 나타난 것이다. 심지어 피할 수 있는 공간도 없다.

프랑스에 나라와 주권을 내주고 나서 독일의 그림 형제는 동화를 모아 절망에 빠진 국민에게 희망을 선사하고자 했다. 이들 형제가 모아놓은 동화의 대부분은 숲이 배경을 이룬다. 백설 공주, 신데렐라, 헨젤과 그레텔 등 모두가 숲에서 살아나오는 이야기로 구성되었다. 숲에 대한 인식은 어둡기만 했던 현실에 대한 인식으로 이어진 것이다.

숲에 대한 인식은 곧 세계에 대한 인식이다. 헤세는 "태어나려 하는 자는 하나의 세계를 깨뜨려야 한다"라고 말했다. 여기서 하나의 세계는 깨져야 하는 세계로 인식된 것이다. 하나가 깨지면 전체가 주어진다. 앞서도 언급했다시피, 쇼펜하우어는 자신의 대표작 『의지와 표상으로서의 세계』의 첫 번째 문장으로 "세계는 나의 표상이다"라고 했고, 마지막을 장식하는 문장으로 "이 세계는 모든 태양이나 은하수와 더불어 ― 무인 것이다"라고 했다.

표상으로서의 세계는 아무것도 아니다. 생각이 만들어낸 세계는 생각으로 충분히 깰 수 있다. 생각은 생각으로 극복될 수 있다. 다만 쇼펜하우어는 세계 자체를 무의 형식으로 바라본 반면, 니체는 세계 자체는 아무 문제 없다는 인식에서 시작한다는 차이가 있을 뿐이다. 니체는 생각으로 살아야 하는 나라는 존재의 존재론적 문제에 집중할 뿐이다. 즉 힘이 없으면 나는 표범에 당할 수밖에 없다는 것이 문제이다.

'아무것도 아니다!'라는 인식

'아무것도 아니다!'라는 인식이 무의 인식이다. 무에 대한 깨달음은 무궁무진하다. 아무것도 아니지만, 그 아무것도 아닌 것이 다른 한편으로 새로운 시작을 알리는 순간을 제공해준다. '마지막이다!'라고 말하는 순간이 새로운 시작을 가능하게 해주는 순간이라는 것이다. 신을 죽이고 나면 세상이 끝날 것 같지만, 오히려 그 순간은 새로운 세상이 탄생하는 순간이 될 뿐이다.

세계의 현상은 그 세계를 그렇게 바라보는 내가 문제이다. 현상은 돌이나 물처럼 존재하는 물리적인 존재가 아니다. 현상은 사물이 이성에 비친 결과물에 지나지 않는다. 그래서 현상도 현상 나름이라는 말이 진리가 될 수 있는 것이다. 똑같은 어둠이라는 현상을 앞에 두고서도 누구는 귀신을 보는가 하면, 누구는 밤하늘의 별을 바라보며

'아름다운 말 한마디씩'[17] 생각해내는 이도 있다.

　신도 빛을 창조하고 나서 한 말이 '발데 보나Valde bona'[18]였다. 번역하면 "빛이 하나님이 보시기에 좋았더라"(창세기 1:4)라는 것이다. 자기가 만든 것을 바라보면서 흡족해하는 발언이다. 이런 행동을 인간의 것으로 옮겨놓으면 된다. 자신이 한 일을 바라보면서 만족해할 수도 있다. 그리고 스스로 '이제 됐다!' 하는 말로 위로를 해줄 수도 있는 것이다.

　"그런데 이처럼 거대한 숲과 원시림이 있구나!" 이런 인식은 사자의 것이다. 사자가 지배할 수 있는 세상은 크고도 넓다. 온갖 동물들이 다 존재할 수 있는 공간이지만, 그 어느 동물도 사자에게는 그저 먹잇감에 불과하다. 사자는 두려울 게 없다. 발견하고 포획해 잡아먹는 것이 관건이 될 뿐이다. 행복한 수고가 따로 없다.

　인간은 모두 혼자다. 하지만 혼자가 된 인간이 또 다른 혼자가 된 인간을 만나면서 사랑이 시작된다. '거대한 숲과 원시림'에서 무슨 일이 벌어질지 궁금할 뿐이다. 도전과 모험에 대한 의지만 있다면 뭐든지 체험할 수 있고, 경험할 수 있다. 어디까지 가보았는가? 그것은 여행에 임하는 자의 몫이 될 뿐이다.

살아 있고 번성하는
사나운 동물

저 '사나운 동물'은 적혀 죽지 않았으며 살아 있고 번성하며, 스스로를 단
지 ― 신성하게 만들었을 뿐이다. (선악)

대학생 시절, 나는 뭐든지 암기하려고 애를 썼다. 『로물루스 황제』라
는 희곡 작품을 한 학기 동안 배웠는데 여름방학이 지난 다음, 새로
운 학기가 시작됨과 동시에 공연을 하기로 결정이 났다. 원래는 잘생
기고 키 큰 두 명의 동기가 각각 1, 2막과 3, 4막을 맡아서 주인공 역
을 하기로 했지만, 이들은 방학이 다 지나도록 대사를 외우지 못했다.

결국 키도 작은 내게 기회가 왔다. 나는 황제의 역을 해야 했다. 대
사는 황제의 말이었다. 그런 말을 내가 무대 위에서 생명력 있게 살
려놓아야 했다. 연극은 끝났지만, 황제로 살았던 시간은 아직도 내
안에 흐르고 있다. 모든 것을 책임지고, 모든 것을 결정하던 그 순간
들이 여전히 나를 움직이게 하고 있다.

어떤 움직임으로 삶을 살아가느냐

연극학 용어 중에 '드라마Drama'라는 개념이 있는데, 그리스어로 '행동' 혹은 '행위'라는 뜻이다. 내가 대학생 때는 데모도 참 많았다. '우리는 행동해야 한다!' 뭐 이런 말은 우리들 사이에서 유행어처럼 번졌던 때다. 사람은 모두 개인이고, 모든 개인은 개성이 주어져 있으며, 모든 개성은 인격을 형성하게 하고, 모든 인격은 그에 걸맞은 행동이 있다.

독일 유학 시절 나는 두 개의 부전공을 선택해야 했었는데, 그중의 하나가 연극학이었다. 수업의 일환으로 우리는 무대 위에서 배우로 활약을 해야 했는데, 그때 주어진 우리의 최대 과제는 드라마를 만드는 것이었다. 어떤 행동이 어떤 사건에 알맞은 것인지, 또 반대로 어떤 사건에 어떤 행동이 필요한지를 연구해야 했던 것이다.

그중의 한 연극은 『파우스트』를 우리 식으로 바꿔서 공연하는 것이었다. 나는 있지도 않은 나르시스라는 인물을 만들어냈고, 그 나르시스 역을 직접 맡기로 했다. 원래 작품 속에 없는 인물이었기에 모든 대사와 행동은 내가 직접 창조해내야 했다.

대학생 시절의 로물루스 역할, 그리고 유학생 시절의 나르시스 역할은 나의 인생에 커다란 두 개의 강물을 형성하게 해 주었다. 하나는 나랏일을 책임져야 하는, 말 그대로 중대한 임무를 수행해야 하는 역할이었고, 다른 하나는 물에 비친 자기 모습에 반해 물속에 몸을 던져 자신의 목숨을 버리는 자살자의 역할이었다.

지금 이 순간에도 이 두 개의 역할이 내 안에서 똬리를 틀고 있다. 나의 모든 드라마는 이 두 개의 힘이 서로 얽히면서 엮이는 중이다. 일상의 소재는 다 똑같지만, 요리사가 어떻게 요리하느냐에 따라 그릇에 담기는 요리는 천차만별로 달라지듯이, 나의 인생 드라마도 나만의 것이라는 독특한 형식을 갖추고 있고 그 내용도 나만의 것이 될 뿐이다.

사람은 누구나 동물이다. 동물은 움직임을 통해 삶의 의미를 현상적으로 나타낸다. 그 움직임이 존재의 의미를 지니는 원인인 동시에 계기가 된다. 사람의 삶은 움직임 속에서 구현되는 것이다. 가만히 앉아 있어도, 그것조차 하나의 드라마를 형성하게 된다. 그것이 동물의 조건인 셈이다. 그렇다면 사람은 '어떤 움직임으로 삶을 살아가느냐'가 관건이 된다.

드라마를 형성하는 움직임은 필연적으로 재미로 이어진다. '오늘은 뭐하고 놀지?' 이런 질문이 움직임의 현상과 연결된다. 재밌을 때 인간의 행동은 역동적으로 변한다. 흥미로울 때 드라마는 탄력을 받는다. 동물의 사나움은 자신의 강함을 드러내는 현상이다. 스스로를 죽음으로 내몰지 않고 살려내는 것은 오로지 움직임을 통해서만 실현된다.

내가 신이 되었다

"호전적인 인간은 평화로운 상태일 때 자기 자신에게 덤벼든다."(선악) 니체가 바라는 호전성은 자기 자신과의 싸움이다. 게으름은 허락되지 않는다. 단 하루도 편할 날이 없다. 자기가 없는 자신도 없고, 자신이 없는 자기도 없기 때문이다. 늘 자기는 자신과 함께 공존한다. 그래서 우리는 '자기 자신'이라는 말을 하는 것이다.

"자신의 힘을 견주어볼 수 있는 상대인 적敵, 즉 가치 있는 적으로서 무서운 것을 갈망하는 몹시 날카로운 눈초리의 실험적 용기는? 자신이 '두려워하는 것'이 무엇인지를 배우고자 하는 적은 있는가?"(비극) 세상에서 가장 위험한 존재가 자기 자신이라는 적이다. 자신의 약점을 가장 잘 아는 자는 자기 자신뿐이다. 그런 자와 매일 싸워야 하는 것이 삶의 문제이다.

"낮 동안 너는 열 번 네 자신을 극복해야 한다."(차라) 극복하려면 넘어서야 한다. "낮 동안 너는 열 번 네 자신과 화해해야 한다."(차라) 화해하려면 먼저 치열하게 싸웠어야 한다. 목숨을 건 싸움이 될 것이다. 자신에게 지면 죽은 목숨이다. 그 한계에 처한 인물이 바로 나르시스였다. 물속에 비친 자신의 모습과 죽을 때까지 대치하다가 물속에 빠져 죽는 인물이다. 삶이 자살로 치닫게 한 것은 나르시스의 실수였다.

숲은 또 다른 영역이다. 수많은 맹수가 있고, 곳곳에 위험이 도사리고 있는 곳이다. 하지만 숲속에 있는 '나' 또한 '사나운 동물'이다. 거기서 나는 스스로를 실험하고 시험한다. 그곳에서 나는 스스로를 '신성하게 만들었을 뿐'이다. 실험과 시험의 결과물이 신성해진 것으로 규정된다. 내가 신성해졌다. 실험과 시험을 통해 내가 신성해진 것이다.

하루를 살아도 신성의 과정에서 살아야 한다. 신성은 신의 속성을 의미한다. 신과 같은 것이 신성의 의미인 것이다. '내가 신성해졌다'는 말의 다른 말은 '내가 신이 되었다'는 말로도 읽을 수 있는 대목이다. 내가 신이 되었다. 내가 신이 될 수 있었던 것은 하루에도 열 번씩 자기 자신과 싸워 이겨낸 결과일 뿐이다.

쉽게 오해될 수 있는
금발의 야수

이러한 모든 고귀한 종족의 근저에서 맹수, 즉 먹잇감과 승리를 갈구하며
방황하는 화려한 금발의 야수를 오해해서는 안 된다. 이러한 숨겨진 근저는
때때로 발산될 필요가 있다. 짐승은 다시 풀려나 황야로 돌아가야만 한다.
(도덕)

독일 여자들 이름으로 흔한 것 중의 하나가 '바바라Barbara'이다. 재미
나게도 이 이름의 어원이 '바바르Barbar'이고, 그 의미는 '야만족'이다.
게르만 민족은 원래 야만족이었다. 로마 입장에서 보면 알프스 너머
에 사는 종족인데 로마인의 말을 잘 못하고 버벅대는 언행을 흉내 낸
것이 바바르였던 것이다.

　하지만 바로 이 지점에서 민족적 정서를 이해해야 할 대목을 발견
하게 된다. 야만이 야만으로 그치지 않는다는 것이다. '그래, 난 야만
족이다! 뭐, 어쩔래?' 하고 대드는 듯한 억양으로 대사를 내뱉고 나면,
뒤따르는 격한 호흡과 그에 걸맞은 열정이나 흥분까지 맛볼 수 있다.
이것이 바로 독일 민족의 고향과 맞물린 정서를 형성하게 해준다.

사자는 주인도덕의 상징이다

기준을 로마에 두면 게르만 민족은 야만족이 맞다. 하지만 기준을 야만족에게 두면 스스로를 야만족으로 인식하는 일은 사라진다. 이 처럼 시각이 변하면 인식이 변하고, 인식이 변하면 생각이 변하며, 생각이 변하면 생각으로 임해야 하는 세상이 변한다. 세상의 현상은 곧 생각의 결과물이다. 결국 현상은 절대적이지 않다는 얘기이다.

좋은 사람은 과연 누구일까? 우리는 역사상 누구를 두고 역사적 위인이나 위대한 인물로 꼽아왔던가? 어떤 상황에서도 상대를 향한 질투심에 사로잡힌 인물을 떠올리지는 않는다. 이길 수 없는 자를 꼼수를 활용해 겨우 이겨놓고는 승리를 구가하는 인물도 이 자리에 낄 수는 없다.

진정으로 좋은 사람은 고귀한 종족으로 숭배를 받게 된다. 그리고 그런 종족의 근저에는 맹수의 근성이 자리 잡고 있다. 하지만 군중은 그런 맹수를 무서워한다. 그런 맹수를 감옥에 가둬두기를 바란다. 입만 열면 죄를 꺼내 들며 맹수를 죄인 취급하는 것이다. 그러면서 '금발의 야수'를 오해하도록 여론전을 펼친다. 남의 말에 휘둘리어 상황을 잘못 인식하고 판단했다면, 그 모든 결과는 자기 책임이다.

세상을 바꿔놓을 수 있는 사람이 좋은 사람이다. 역사를 바꿔놓을 수 있는 사람이 좋은 사람이다. 괴테의 파우스트처럼 끊임없이 자기 욕망을 불태웠고 그런 열정이 인류를 위한 행위로 이어진다면 그 인물은 바로 좋은 사람이고, 고귀한 종족에 속한 사람이다. 세상을 위해 자신을 희생시킨 결과가 그런 인물의 인생이기 때문이다.

'금발의 야수'는 '블론데 베스티에blonde Bestie'를 직역한 말이다. 사자의 갈퀴가 금발처럼 빛나는 현상을 떠올리면, 니체가 말하는 이 개념의 의미도 이미지의 형식 속에서 쉽게 떠올릴 수 있다. 금발의 야수는 사자이고, 사자는 주인도덕의 상징이며, 모든 것의 주인은 사자의 이념에 의해 구현되는 것이다.

사자는 자유를 지향할 뿐이다

힘을 가진 자는 힘을 발산시키면서 존재를 확인시킨다. 그런 존재를 울타리에 가둬두고자 하는 것은 군중이고, 소시민이며, 말 그대로 약자의 행동에 지나지 않는다. "짐승은 다시 풀려나 황야로 돌아가야만 한다." 황야는 자유의 영역이다. 구속은 자유를 방해할 뿐이다. 사자는 자유를 지향할 뿐이다. 사자는 자유의 형식 속에서만 존재를 구현시킬 수 있다.

"황야로 돌아가야만 한다." 여기서 말하는 황야는 사막과 다른 곳이다. 황야로 번역한 독일어는 '빌트니스Wildnis'로 '드넓은 숲' '무질서' '난잡' '혼란' '분방한 생활 상태' 등의 뜻이다. 특히 '빌트' 자체만 놓고 보면 '야생'이나 '야만'의 뜻이 강렬하게 전해지는 개념이다. 물론 빌트니스에 황야나 황무지의 뜻도 있으니 번역이 잘못된 것은 아니지만, 낙타의 정신과 관련한 사막과 혼동할 수 있어서 개념 설명이 전제되어야 한다.

'황야로 돌아감'은 사자의 운명을 타고난 존재를 향한 지상명령이다. 사자는 숲과 황야, 이런 곳에서만 살 수 있는 존재이다. 족쇄를 채워놓거나 감옥에 가둬놓거나 자유를 허용하지 않는다면, 그는 생명력을 잃고 죽어갈 것이 틀림없다. '고삐 풀린 맹수'(도덕)는 온갖 야생의 현장으로 인정할 수밖에 없는 이런 곳, 바로 그런 무질서로 충만한 황야에서 자유를 누리며 자신에게 걸맞은 삶을 보상받는다. 그곳에서 그는 생명력을 얻는다.

숲에서 방황하는 것은 먹잇감을 찾아가는 길에서 피할 수 없다. 그런 방황을 고생으로 인식하는 오해는 없어야 한다. 드넓은 숲에서의 긴 방황은 사자에게 주어진 운명일 뿐이다. 사자는 자신의 운명을 한탄하는 법이 없다. 그에게 방황은 승리를 갈구하는 의지의 표현에 지나지 않는다. 사자는 규칙적으로, 또 반복적으로, 그리고 지속적으로 자기 자신을 풀어내는 일에 몰두해야 한다. 그에게 끊을 수 없는 쇠사슬은 존재하지 않는다.

신을 죽인 후
등장하는 초인

신은 죽었다. 이제 우리는 소망한다. 초인이 나타나기를. (차라)

돌고 도는 현상으로 신의 죽음과 초인의 출현은 맞물린다. 이는 신이 죽어야 초인이 나타날 수 있다는 말도 된다. 즉 신은 초인이 탄생할 수 있는 원인이고, 초인은 신의 죽음과 함께 그다음의 순간을 이어가는 존재의 형식이다. 늘 그다음이 초인의 문제이다. 이처럼 신과 초인은 전혀 다른 존재이지만, 서로를 위해서는 떨어질 수 없는 관계를 형성한다.

신을 죽인 것은 스스로 신이 되었지만, 결국에는 한계에 도달한 사람이었다. 그 사람이 신을 죽이고 나니 이제부터 새로운 기다림이 시작된다. 이때 등장하는 기다림의 주체는 신과 초인 사이를 연결시켜주는 교량이 된다. 즉 여기에서 저기로 나아갈 수 있게 해주는 과정이 되는 것이다.

신의 죽음은 껍데기를 벗는 일과 같다

나는 나를 버릴 때 '새로운 나'를 찾아 먼 곳까지 방황하면서 오랜 기다림을 견뎌내야 한다. '새로운 나'를 위해 나는 지금 공허함을 참고 견뎌야 하는 것이다. '자아의 상실'이라는 위기의 순간은 나를 버린 자의 운명과 같다. 그런 과정에 대한 이해 없이 대부분의 사람들은 초인을 함부로 평가하는 실수를 범한다.

초인의 하루는 말 그대로 상상을 초월한다. "낮 동안 너는 열 번 네 자신을 극복해야 한다."(차라) "낮 동안 너는 열 번 네 자신과 화해해야 한다."(차라) "낮 동안 너는 열 개의 진리를 찾아내야 한다."(차라) "낮 동안 너는 열 번 웃어야 하며 열 번 유쾌해 있어야 한다."(차라) 모두 마흔 개다! 초인이 해야 할 일이 열 번으로 네 종류나 된다. 마흔 개나 되는 일들을 단 하루 동안 해 내야 하는 것이다. 정말 치열한 하루가 될 것이다.

'열 개의 진리'를 '열 개의 신'으로 읽어도 상관없다. 모든 신의 뜻은 진리와 무관하지 않기 때문이다. 신은 인격화를 전제한 개념이고, 진리는 그 안의 내용을 담당하는 개념에 지나지 않는다. 진리는 마음이고, 신은 그 얼굴이라 말해도 된다. 신의 죽음은 껍데기를 벗는 일과 같다. 신의 죽음은 허물을 벗는 뱀의 탄생과 같은 것이다. 아무리 껍데기와 허물을 벗겨내도 그 주체는 남는다. 신을 죽이는 일도 이런 식으로 하루에 열 번이나 반복해야 한다. 신을 찾는 것도 일이고, 그와 싸우는 것도 일이며, 그 싸움에서 이겨내는 것도 일이다. 어느 하나 쉬운 일이 없다. 그것이 사는 일이다.

신과의 싸움은 어떤 형식으로든 목숨이 달린 문제가 될 것이다. 매번 목숨을 걸어야 하는 일이 신과의 경쟁이다. 이상으로 삼아 진심으로 바랐던 것을, 허상으로 생각하며 진심으로 버리는 것이다. 이는 스스로 위기를 자초하는 것이며, 그 기준을 파괴하는 것이다. 꿈과 희망을 포기한 채 그 순간을 견디는 것이다.

신은 나의 모든 것이다. 신이라면 그래야 한다. 정상에 오른 이가 신이다. 그 정상에 오르기 위해 니므롯은 바벨탑을 쌓았던 것이다. 얼마나 높이 쌓아야 할까? 그 신의 높이, 신과 마주할 수 있는 높이는 그 신의 뜻이 도달한 곳을 의미할 뿐이다. 어디까지 가고 싶은가? 그 의지가 도달하는 곳에 신이 있을 것이다.

내가 내 안에서 자기를 극복하다

초인의 하루! 자기 자신을 극복하는 것만 열 번이나 해내야 한다. 그리고 또다시 자기 자신과 열 번이나 화해해야 한다. 아무리 죽이고 또 죽여도 자기 자신은 살아남는다는 것이 문제인데, 그때마다 화해해야 한다. 화해의 기술을 터득하지 못한 자는 초인이 될 자격이 없다. 남겨진 자를 눈물로 끌어안아주는 것이 초인의 일이다.

화해가 없는 극복은 진정한 극복이 아니다. 만남이 없는 이별은 진정한 이별이 아니다. 삶이라는 영역 속에는 영원한 것도, 궁극적인 것도 없다. 모든 것은 변화 속에서 존재할 뿐이다. 극복은 잊음과 기억을 공유하는 것이다. 기억하고 있어도 극복된 내용이라면 더 이상 상처를 주는 형식으로 남겨진 상태가 아닌 것이다.

열 번의 극복은 열 번의 화해로 끌어안아주고, 열 개의 진리는 열 번의 웃음으로 품어준다. 이것이야말로 니체가 말하고자 하는 초인의 삶이다. 극복은 '내 안으로의 자기 극복'(차라)이라고 했다. 내가 내 안에서 자기를 극복하는 것이다. 내 안에서 자기를 포기하고 버리지만 결국에는 웃으며 화해하는 것이다. 이를 두고 '철학적 자살'[19]이라고 말해도 된다.

신의 죽음과 함께 초인이 등장한다. 하지만 죽음과 등장 사이의 시간은 영원처럼 길다. 그 초인은 언제 등장하는가? 그것은 자기 자신을 열 번 극복하는 일에서부터 시작할 뿐이다. 그리고 열 번에 열 번, 또 열 번, 그리고 마지막으로 다시 열 번을 더해야, 즉 마흔 번의 숙제를 다 한 후에야 마침내 초인이 등장할 것이다.

그렇게 등장한 초인도 영원한 초인이 아니다. 그는 그다음 날이 되면 또다시 극복의 대상이 될 뿐이다. 새로운 하루 동안 그는 신이라는 평가를 받으며 또다시 열 번의 파괴 행위를 거듭해야 한다. 그렇게 보낸 하루의 마지막 순간에 초인이 석양을 바라보며 피곤함을 느낄 때, 그는 스스로 초인을 맞이하며 편한 잠을 받아들일 것이다.

"잠을 잔다는 것, 결코 하잘것없는 기술이 아니다. 그것을 위해서 하루 종일 눈을 뜨고 있어야 하니."(차라) 눈을 감아야 쉴 수 있다. 눈을 감아야 잠을 잘 수 있다. 하지만 결국에는 눈을 떠야 한다. 눈을 가진 존재는 눈으로 보며 살아야 하는 것이다. 잠을 잘 잘 수 있는 비결은 하루 종일 눈을 뜨고 있어야 한다는 데 있다.

물론 본다는 것은 꼭 물리적으로 눈을 떠야 이뤄지는 것도 아니다. 마음으로 보는 눈도 있기 때문이다. 눈을 감아야 떠지는 눈도 있는 것이다. 마야의 베일에 휩싸인 눈을 그 베일에서 해방시키는 것도 관건이다. 그런 의미에서 시인 릴케는 '어느 누구의 잠도 아닌 이토록 많은 / 눈꺼풀들 아래에'서 아름다운 '장미'[20]를 보았던 것이다.

차라투스트라에 맞서
너희 자신을 지키는 것이 도리

제자들이여, 이제 나 홀로 길을 가련다! 너희도 이제 한 사람 한 사람 제 갈 길을 가도록 하라! 나 그러기를 바라노라.

나 진정 너희에게 권하노니, 나를 떠나라. 그리고 이 차라투스트라에 맞서 너희 자신을 지켜라! 더 바람직한 일은 이 차라투스트라의 존재를 수치로 여기는 일이다! 그가 너희를 속였을지도 모를 일이니.

깨친 사람이라면 적을 사랑할 줄 알 뿐만 아니라, 벗을 미워할 줄도 알아야 한다.

영원히 제자로만 머문다면, 그것은 선생에 대한 도리가 아니다. (차라)

만남은 떠남으로 이어지고, 떠남은 다시 만남으로 이어진다. 매 순간 의미에 충실하면 되는 것이다. '가는 사람 잡지 말고 오는 사람 막지 말라'는 말이 있듯이, 인연은 순리 속에서 형성되는 것이다. 인연을 자기 의지대로 하려 하면 악연이 될 수 있다. 살면서 인연은 만들되, 악연은 지양하는 것이 마땅하고 또 지혜로운 일이다.

좋은 인연은 추억을 선사해준다. 추억이 쌓일수록 삶은 높은 곳에 다다른다. 추억이 있는 곳은 어김없이 만남이 있고, 만남은 추억을 위한 씨앗이 된다. 그런 만남을 위해 마음의 문을 활짝 열어놓고 살아야 한다. 물론 그 문을 통해 벌레나 온갖 해충이 들어오겠지만, 그 문을 닫고 지내면 아름다운 나비조차 들어올 수 없게 된다.

모두가 제 갈 길을 가야 한다

언젠가 나는 지역 아동센터에서 철학을 강의하러 간 적이 있다. 거기서 아이들과 함께 황선미의 『마당을 나온 암탉』을 읽었다. 마지막 장면에 이르러 주인공이 족제비에게 물려 죽는 장면에서 아이들은 혼란 속에 빠졌다. 당황하는 모습이 역력했다. 모두 경직된 모습이었다. 한동안 정적이 흘렀다.

"물리면 아프지 않을까요?" 예쁜 여자아이가 질문을 해 왔다. "아프겠지!" 씩씩한 남자아이가 끼어들며 말했다. 그렇게 아이들은 서로의 의견을 내놓으며 멋진 토론이 시작되었다. 나는 토론이 진행되도록 가만히 내버려두었다. 그런데 아이들은 문제가 무엇인지 스스로 깨달아가기 시작했다. 마당에 머물면 자유가 없고, 마당 밖으로 나가면 자유를 얻지만 위험이 도사리고 있다. 아이들은 서로 이야기를 주고받으며 멋진 결론에 도달해 있었다.

책을 읽을 때는 그 책에 생각을 맡겨야 한다. 그래야 인생을 바꿔놓는 책을 만날 수 있는 것이다. 책을 읽을 때 마음마저 주고 나면 평생을 위한 반려자를 얻는 것처럼 시시때때로 도움을 받을 수 있는 책도 만날 수 있게 된다.

배움에는 열정이 필요하다. 배우고자 하는 마음이 없으면 배울 수가 없다. 그리고 어느 시점이 되면 떠날 줄도 알아야 한다. 입학과 졸업이 배움의 과정에 필연적으로 존재해야 하는 것과 같은 원리이다. 배움의 과정이 지나고 나면 입학도 졸업도 없는 삶이 펼쳐지지만, 그때부터는 모든 것을 스스로 책임져야 한다. 말 그대로 어른이 되어야 한다.

니체가 철학적으로 가르친 것은 오직 한 가지뿐이다. 그것은 모두가 '제 갈 길을 가는 것'이다. 저마다 가야 할 길이 있다. 그 길을 알아보고, 그 길에 머물며, 그 길에서 끝장을 보는 것이다. 끝까지 간 자만이 자신의 한계를 알게 될 것이며, 그 한계와 직면해 하늘이 내려준 운명도 알게 될 것이다. 그때가 되면 '지천명'이라는 공자의 말씀도 깨닫게 될 것이다.

떠날 때 미련을 남겨서는 안 된다

"나를 떠나라." 정 떼기는 제대로 해야 한다. 미련을 남겨서는 안 된다. 돌아서야 하는 사람이라면 후회가 없도록 냉정하고 매정해야 한다. 자기 의지대로 떠날 수 있게 해야 한다. '너 때문에!' 떠나는 일은 없어야 한다. 이때 필요한 감정이 '르상티망Ressentiment', 즉 '원한 감정'이다. 이런 감정을 기독교는 허락하지 않기에 니체는 "기독교는 데카당스의 하나의 전형에 다를 바 없다"(권력)고 단언했다.

사람을 붙들어두고 싶은 마음이 부패의 증거다. 타인의 마음을 구속하려는 마음이 보이지 않는 시선과 손으로 폭력을 가하는 것이다. 의견의 폭력이란 것도 있다. 한 가지만을 생각하는 자가 다른 모든 가능성을 차단하는 폭력을 자행하는 것이다. "수고하고 무거운 짐 진 자들아 다 내게로 오라 내가 너희를 쉬게 하리라."(마태복음 11:28) 다른 길을 허락하지 않는 그가 폭력을 행하는 자이다.

니체의 책을 통해 깨달음을 얻은 자는 '적을 사랑하는 것'과 '벗을 미워하는 것'도 배웠을 것이다. 사랑에 빠진 자는 떠날 줄 알아야 하고, 떠난 자는 반드시 돌아올 줄 알아야 한다. 하나의 마음에 갇혀 고집을 피우면 자신만 힘들다. "버림받았다는 것과 고독하다는 것은 다르다."(차라) 원한 감정에 사로잡힌 자가 버림받았다는 감정에 휩싸이는 것이다. 이것이야말로 좋지 않은 감정이다.

신은 부정되지 않았다고
니체가 말한 이유

"뭐라고? 대중적으로 말해, 그것은 신은 부정되었으나, 악마는 부정되지 않았다는 말인가?" 그 반대이다! 그 반대이다. 나의 친구들이여! 제기랄, 누가 그대들을 대중적으로 말하도록 강요한단 말인가! — 〈선악〉

니체의 철학은 오해를 낳고, 그런 오해는 피할 수 없다. 그 모든 오해의 원인은 언제나 기독교의 정신이 제공한다. 기독교의 틀 안에서 생각하면, 니체는 온갖 헛소리를 남발하는 철학자가 맞다. 중세 천 년 동안 기독교는 진리를 독점하는 권력의 중심을 형성했다. 신, 하나님, 여호와 등의 단어만 들어도 특정 형식의 생각을 하도록 만들어놓은 것이다. 그런 식으로 신을 독점한 종교가 기독교이다.

이제 니체는 '금발의 야수', 즉 자기 정신 속의 야수성을 요구한다. 생각은 자유다. 그런 욕망을 의지로 구축해내야 마땅하다. '권력에의 의지'는 삶에의 의지 그 자체이다. 니체는 삶과 의지를 동의어로 간주한다. 삶이 있는 곳에 의지가 있고, 의지가 있는 곳에 삶이 있다. 사람이라면 누구나 자신의 의지가 있는 것이다.

정답은 언제나 자기 안에 있다

사회의 의지에 맞서 자기의 의지로 살아갈 줄 아는 정신이 필요하다. 물론 사회의 의지가 맞을 때도 있다. 그럴 때는 낙타의 정신으로 다가서면 된다. 하지만 사회가 잘못되었다면, 그 사회는 바뀌어야 마땅하다. 플라톤이 꿈꿨던 이상향은 사실 현실적으로 불가능한 꿈같은 이야기에 불과하다. 정말 그런 세상이 펼쳐진다면 사람은 그 안에서 살 수 없을 것이다. 사람에게 그런 사회는 이상이라는 감옥을 만들어줄 뿐이다.

사람들은 말했다. '신은 부정되었으나 악마는 부정되지 않았다'고. 하지만 니체는 정반대의 말을 하고 있다. 이것을 이해했는가? 스스로 가슴에 손을 얹고 대답해야 한다. 질문도 이해하지 못했으면서 답안지를 들춰보고, 그런 후에 답을 알았다고 해도 정말 그 문제를 이해한 것은 아니다. 그런 착각으로 문제를 대하면 안 된다.

이해를 위해 문제가 되는 문장을 다시 읽어보자. '신은 부정되었으나 악마는 부정되지 않았다.' 세상 사람들이 다 하는 말 속에서 공식을 발견했는가? 니체는 '신은 죽었다'라는 말을 철학적으로 만들었다. 그 말을 들으면서 '신을 부정한 철학'이라고 말하고 싶은 것인가? 자기 안에 그런 목소리가 담겨 있는가? 자신의 정신 속에 그런 이념이 조금이라도 존재하는가? 냉정하고 날카롭게 검증해야 한다.

니체가 말하는 초인, 즉 '신은 죽었다'라고 말하는 초인이 악마인가? 초인이 나쁜 놈인가? 그런 시각에서 문제를 찾아내지 못했는가? 문제의식이 생기면 해답은 멀지 않은 곳에 있다. 의식이 주어지면 정답은 자신의 생각 속에서 찾을 수 있게 된다. 정답은 언제나 자기 안에 있다. 진리를 진리로 간주하는 것을 더 이상 허락하지 않을 때, 그 진리는 죽은 것이나 다름없다.

반대의 목소리도 들을 줄 알아야 한다

도대체 무엇이 신이란 말인가? 신을 독점한 기독교의 형식으로 대답하지 않을 수만 있다면, 새로운 공식에 대한 갈증이 생겨날 것이다. 신과 악마는 돌고 도는 형식 속에서 인식된다. 진실은 거짓을 감당할 수 있을 때만 의미가 주어질 뿐이다. 거짓조차 모르면서 진실을 안다고 까부는 실수는 범하지 말아야 한다.

신이 악마가 되기도 하고, 악마가 신이 되기도 한다. 유행은 돌고 돈다는 말처럼 생각에도 유행이 있다. 남들이 다 아는 것을 아는 자를 지식인 혹은 지성인이라고 부른다. 중세에는 하나님을 아는 것을 지성이라고 말했다. 말이 습관을 형성하고, 습관이 세계를 형성하게 했다. 당연히 알아야 하는 것으로 문제가 해결되면 얼마나 좋을까?

컴퓨터에도 지능이 있다. 우리는 그것을 AI라고 외래어를 줄여서 말한다. '인공지능Artificial Intelligence'이라는 뜻이다. 하지만 그런 지능으로 삶의 문제는 해결되지 않는다. 물리학의 지식으로도 충분하지 않다. 과학의 온갖 결과물들은 객관적이기는 해도 삶의 문제로 들어오면 턱 없이 부족한 것이 되고 만다.

니체를 친구로 삼고 싶다면 늘 반대의 목소리도 들을 줄 알아야 한다. 극단적으로 큰 세계, 즉 태극을 경험하고 싶으면 음과 양을 모두 품을 수 있어야 한다. 시대를 대변하는 말도 들을 줄 알아야 하고, 그것에 반대가 되는 소리도 들을 줄 알아야 한다. 니체의 철학은 늘 대립을 일삼는다. 그런 대립이 보여주는 현상을 인식해야 한다. '넌 싫고, 나는 좋다!'는 식의 배타적 이분법이 아니라, '너도 좋고, 나도 좋다!'는 포용적 이분법이 필요하다.

운명을 개척하는 정신은 스스로 모험을 감행한다. 늘 선구자의 운명을 자신의 것으로 인정하고서 고독을 자처한다. 아무도 알아주지 않는 길을 선택해야 하는 외로움을 떠안고, 자신에게는 웃음으로 대하며, 자기와 지속적으로 화해하며 살아간다.

Nietzsche

6장

욕망과 의지:
시간을 의지로 채우면 인생이 즐겁다

한계가 아니라면
넘어서야 한다

때를 놓치지 않고 명령하는 것을 습득하지 않으면 안 된다. (권력)

내게도 질풍노도의 시기가 있었다. 고3 때의 일이다. 같은 반 친구가 다가와 누가 자신을 괴롭힌다며 도움을 요청했다. 괴롭히는 아이에게 그러지 말라고 하는 순간, 갑자기 주먹이 날아와 그대로 맞았다. 화가 난 나는 방과 후 싸우기로 했지만, 나를 때린 그 아이는 나타나지 않았다. 사건은 그다음 날 터졌다. 그 아이가 대검을 들고 교실에 난입해 내 몸을 일곱 번이나 찌른 것이다. 크게 다친 나는 회복에 한 달이나 걸렸다.

그런데 병원 건너편에 또 다른 남자 고등학교가 있었다. 나는 매일 아침 창가에서 등교하는 학생들을 바라보며 '학교에 가고 싶다'라는 생각을 했다. 이후 내게 변화가 일어났다. 매일 놀기만 하던 내가 공부하는 사람이 된 것이다. 전혀 다른 사람이 된 나를 보며 나 자신도 놀랄 수밖에 없었다.

적당한 때에 배울 수 있는 것도 복이다

변화는 꼭 칼에 일곱 번이나 찔려야 일어나는 것이 아니다. 그런 극단적인 경험은 누구에게나 일어나는 것이 아니다. 정신을 차리는 일은 어떤 계기가 되었든 상관없이 일어날 수 있다. 이순신 장군처럼 어디선가 들려오는 바람 소리에도 '애가 끊어지는' 고통을 느낄 수 있고, 시인 윤동주처럼 바람에 일렁이는 잎새에도 '괴로워했다'라고 고백할 수 있는 것이다.

인식은 언제나 갑자기 들이닥쳐 생각을 점령하고, 늘 예상을 벗어난 논리를 형성한다. '언제나, 항상, 늘' 이런 말 속에도 공식이 있다. 말도 안 되는 것이 말이 되는 현상 앞에서 우리의 정신은 새로운 현실을 목도한다. 적당한 때에 배울 수 있는 것도 복이다. 대부분의 사람들은 때를 놓쳐 안타까운 삶을 살다가 어처구니없는 순간에 죽음을 맞이하며 억장이 무너지는 소리를 해댄다.

우리는 누구나 죽음이라는 관문을 통과하게 된다. 아무리 날뛰어도 결국에는 대지 위에 드러눕고 말 것이다. 흙이 있는 곳을 침대 삼아 하늘을 바라보며 죽음을 맞이할 것이다. 그런데도 이성적 존재는 죽음을 진지하게 생각하지 못하게 한다. 늘 영원이나 영생, 천국, 임마누엘 등의 말들을 해대며 먼 곳을 바라보는 데 익숙해져 있을 뿐이다. 그런 시선이 좋은 것이라는 양심까지 만들어놓은 상태이다.

이성이 생각을 방해하는 상황도 생각할 수 있어야 한다. 이성이 비이성적으로 고집을 피우게 하는 지경도 예상할 수 있어야 한다. 비이성적인 것이 이성을 자처하는 상황이라면 어떻게 해야 할까? 정상이 아닌 비정상이 정상인 척 활개를 치고 있다면 어떻게 해야 할까? 이런 질문이 자기 안에서 무르익을 즈음이라면 니체의 철학이 도움의 손길을 내밀 것이다.

죽고 싶지 않으면 배워야 한다

사자에게도 한계가 있다. 아무리 힘이 세도 한계는 있는 법이다. 한계를 모르고 까부는 정신은 자기 자신이라는 괴물 앞에서 인생이라는 이름으로 처벌을 면치 못하게 될 것이다. 자기가 자신을 공격하면 답이 없다. 그 공격을 피할 수 없기 때문이다. 또한 그런 공격은 깊은 상처를 남길 것이 틀림없다. 그런 공격을 받고 쓰러지는 정신은 미치거나 자살하는 수밖에 없다. 이 두 가지 해결책 말고 다른 해결책은 존재하지 않기 때문이다.

그래서 적당히 힘이 있을 때 공부해야 한다. 책도 읽을 수 있을 때 많이 읽어둬야 한다. 노안이 오면 도망칠 구멍도 없다. 생각하는 존재가 생각할 소재를 충분히 마련해놓지 않은 상황이라면 정말 큰일 난다. 힘도 힘이 있을 때 적당히 훈련에 임하며 키워놓아야 하듯이, 생각도 생각할 수 있을 때 기억 속에 좋은 추억을 많이 채워놓아야 한다. 갑자기 당한 낭패가 사람을 수렁에 빠뜨리는 것이다. 감당할수 없는 위기가 사람을 미치게 만드는 것이다.

죽고 싶지 않으면 배워야 한다. 살고 싶으면 훈련에 훈련을 거듭해야 한다. 복종하는 것도 배워야 하고, 명령하는 것도 배워야 한다. 수동적으로 삶에 임해야 하는 것도 배워야 하고, 능동적으로 삶에 대처하는 것도 배워야 한다. 더 이상 할 수 없으면 한계다. 어쩔 수 없으면 운명이다. 더 이상 길이 안 보이면 끝이다. 그 끝에 이르면 누구나 자신의 한계를 인식하게 된다. 운명이라고 생각하면 어쩔 수 없이 필연으로 받아들이는 수밖에 없다.

하지만 한계가 아니라면 넘어서야 한다. 끝이 아니라면 지나가야 한다. 다른 것을 원하게 되면 그 다른 것에 집중할 줄 알아야 한다. 목적으로부터 자유로워질 때 새로운 목적이 눈앞에 나타나는 것이다. 변화는 주도적일 때 가장 큰 힘을 발휘하게 된다. 자기도 모르던 힘이 솟구칠 때가 있다. 바로 그때가 한계를 넘어설 때이다. 단 한 번도 경험해보지 못한 경지에서 마주하는 힘이 그런 것이다. 그런 힘이 또다른 자기를 발견하게 해준다.

깊음 위의 흑암 같은
바그너를 향한 니체의 진심

바그너에게 등을 돌린 것은 나에게 있어서는 하나의 운명이었지만, 어떤 측면에서 보면 다시 행복을 만끽할 수 있는 하나의 승리였다. (바그너)

사실事實은 아무도 모른다. 하물며 진심은 깊음 위의 흑암처럼 어둡기만 하다. 이혼의 이유로 사람들은 대부분 '성격 차이'를 들먹인다. 하지만 진실은 깊은 곳에 은폐되어 있을 뿐, 더 이상 질문하는 것은 예의가 아니다. 진실은 그렇게 어둠 속에 머무를 뿐이다.

니체는 첫 번째 작품 『비극의 탄생』을 바그너에게 헌정했다. 그리고 『반시대적 고찰』의 마지막 권을 〈바이로이트의 리하르트 바그너〉라고 해서 바그너에 관한 이야기로 채워놓았다. 그 후로도 니체는 때때로 바그너를 언급했고 철학적으로 다뤘다.

그러다가 1888년 가을을 넘기면서 『바그너의 경우』와 『니체 대 바그너』라는 두 권의 책이 폭풍처럼 쏟아놓는 책들 중에 끼어든다. 1889년 1월 3일에 광기의 세계로 떠나는 니체의 이성을 고려하면,

거의 마지막 순간까지 붙들고 오열했던 것이 바그너와의 문제였던 것이다. 증오에 차 있으면서도 잊지 못하는 그 정신이 엿보인다. 안절부절이 이런 것이리라.

니체가 바그너에게서 등을 돌린 이유

니체는 바그너를 좋아했다. 아니, 사랑했다. 이들의 애증 관계는 유독 니체에 의해서만 노골적으로 밝혀져 있다. 나는 사실 바그너의 사적인 글들을 다 살펴보지 못했다. 바그너가 니체를 향해 아쉬운 소리를 한마디라도 남겨놓았다면 모든 것을 확신 속에서 말을 꺼내 놓을 수도 있겠지만, 그런 상황이 아니라서 아쉬울 뿐이다.

바그너는 니체의 아버지뻘이다. 바그너는 1813년 생으로 그의 아버지와 동갑이다. 만 4세 때, 보다 정확히 말하면 5세 생일을 석 달 정도 앞둔 시점에 아버지를 여읜 니체는 바그너를 아버지처럼 따라다녔다. 그를 향한 니체의 사랑은 끝도 없이 펼쳐졌다. "다섯 살 때부터 아버지 없이 성장해야 했던 니체에게는 큰 힘으로 작용했을 것이 분명하다."[21] 예전부터 나는 이런 생각으로 니체의 글을 바라보았다. 말을 하면서도 말을 하지 않는 그 치열함에 대해서 의심의 시선을 포기한 적이 없다. 침묵으로 말하는 그 치밀함에 놀라울 따름이었다.

세월이 흐를수록 바그너와 니체 사이를 관통하는 나의 인식에 더욱 깊은 확신이 자리 잡았다. 니체는 바그너를 버린 적도 없고, 떠난 적도 없다. 니체에게 바그너는 미워도 다시 한번 끌어안아줘야 할 그런 존재였다. 싫어도 함께 해야 할 존재, 그런 존재가 바로 바그너였던 것이다. 즉 바그너는 동경의 대상이면서도 동시에 한계를 알게 해준 사람이었다.

바그너와 니체, 음악가와 철학자, 둘은 하나이면서 결코 하나로 합쳐질 수 없는 너무도 먼 존재들이다. 표면적으로 드러난 갈등은 바그너의 마지막 작품 〈파르지팔〉과 관련한다. 성배를 지키는 파르지팔을 주인공으로 올려놓은 바그너의 무대를 바라보며 니체는 당황했다. 신을 찬양하는 영웅의 모습을 바라보며 등을 돌릴 수밖에 없는 한계를 직면한 것이다.

바그너에게 등을 돌린 것은 니체에게 그저 '하나의 운명'에 지나지 않았다. 하지만 그것조차 '하나의 운명'이었음을 우리는 읽어내야 한다. 하나는 무수한 다른 하나를 전제한다. 하나는 다른 무수한 경우의 수를 전제하고 있다는 사실을 인정해야 한다. 하나를 알고 주시할 수밖에 없는 운명을 깨달아야 한다는 얘기이다.

어쨌든 돌아서야 했지만, 그것은 승리를 자축하는 순간이기도 했다. 돌아설 수 있어서 다행이었다는 말도 된다. 성배를 지키는 기사의 존재는 말 그대로 신의 존재를 인정하는 이야기에 지나지 않는다. 니체는 성배를 인정할 수가 없었다. 할 수 없는 지경이라면 돌아서는 것이 정답이다.

바그너를 통해 한계를 경험한 니체

니체는 바그너를 통해 한계를 경험했다. 감당할 수 없는 지경을 경험한 것이다. 그가 남긴 상처는 평생을 두고 이어진다. 그 상처에 의한 신음은 니체의 철학 곳곳에서 울려 퍼진다. 싫다고 말하면서도 그말을 해야만 하는 정신을 인식해야 한다. 버려야 한다고 말하면서도 결국 마지막 순간까지 끌고 가야 하는 미련을 깨달아야 한다.

패배와 승리가 교차하는 순간이 바그너와 니체의 만남에 의해 실현된다. 말로 형용할 수 없는 감정들이다. 이겼어도 이긴 것이 아니고, 졌어도 그냥 졌다고 말할 수 없는 지경이다. 바그너와 니체, 니체와 바그너, 둘은 끝까지 다툼의 형식 속에 있었다. 적어도 니체의 글속에서는 그 다툼이 끝을 모르고 이어졌던 것이다. 끝날 때까지 끝날수 없는 싸움이었다.

웃음 뒤에 울음이 있고, 울음 뒤에 웃음이 따라왔다. 웃다가 우는얼굴 속에서 바그너를 향한 니체의 복잡한 심정을 발견하게 된다. 위기라고 판단했을 때 니체의 정신은 이미 위기에서 멀리 떠난 상태에 있고, 승리했다고 판단했을 때 니체의 정신은 여전히 깊음 위의 흑암을 벗어나지 못한 채 알 수 없는 수렁을 헤매고 있을 뿐이다.

도저히 살 수 없는 사막에 있기도 하고, 온갖 야수들이 들끓는 야생의 밀림에 있기도 하다. 낙타의 정신으로 현실을 버텨야 하기도 하고, 사자의 정신으로 승리를 구가하기도 한다. 바그너를 향한 니체의 감정은 이렇게 서로 다른 두 개의 형식에서 왕복을 거듭할 뿐이다. 이럴 때도 있고, 저럴 때도 있다. 니체는 그 어느 상황에서도 대충 넘어가려 하지 않는다. 그는 아플 때는 한없이 아파하고, 기뻐할 때는 한없이 기뻐할 뿐이다.

"우리의 하늘에는 구름 한 점 지나간 적이 없다."(이 사람) 그만큼 날씨가 좋았다는 얘기이다. 바그너를 향한 니체의 진심이 이런 날씨 예고와 맞물려 있다. 『이 사람을 보라』도 1888년 가을에 집필된 니체의 마지막 저서들 중의 하나일 뿐이다. 그런 책에서 이런 말로 바그너와의 관계를 설명하고 있다. 마지막까지 왜 이러는 것일까?

니체가 말하는 '우리의 하늘'은 비유로써 그가 무슨 말을 하고자 하는지는 아무도 알 수 없다. 단지 바그너와 니체는 같은 하늘을 공유했다. 그런 하늘에 구름 한 점 존재하지 않았다. 파란 하늘 그 자체가 이들의 관계를 설명해주고 있다. 그런데도 우리는 너무 쉽게 바그너와 니체의 결별을 입에 담는다. 조심해야 할 일이다.

죽음 이후에 태어나는 것에 대한
개념적 이해

나의 날은 내일 이후이다. 몇몇 사람은 사후에 태어난다. (안티)

르네상스는 '다시 태어난다'라는 뜻이다. 거듭 말하지만, 죽어야 산다. 모든 것을 끝장내야 '다시 태어났다'라고 선언할 수 있는 지경이 펼쳐지게 된다. '죽음 이후'는 종교적 개념으로 '내세'가 더 어울리지만 죽음 이후도 죽음 이후 나름이고, 내세도 내세 나름이다. 특히 기독교의 독단적 교리라는 틀 안에서 니체의 글을 읽으면 혼란만 가중된다. 미친 철학자가 남긴 미친 소리가 그때 탄생하게 되는 것이다.

"사후의 인간들은 — 예를 들어 나는 — 시대에 적합한 인간들에 비해 이해받지 못한다. 그렇지만 더 잘 경청된다. 엄밀하게는: 우리는 결코 이해받지 못한다. — 그리고 바로 그 때문에 우리의 권위가…."(우상) 도대체 니체는 무슨 말을 하고 있는 것일까? 복잡한 마음이 읽혀진다. 이해받을 수 없는 처지에 놓인 철학자의 심경 고백이 이런 것이다.

진정한 자유정신의 도래

니체는 '시대에 적합한 인간들'과는 어울릴 수 없는 사람이다. 그의 철학은 현대인에게조차 낯설기에 소위 '현대 이후'에 속한다. 어떤 하나의 이념에 굴복당한 정신으로는 진정한 자유정신을 인식할 수 없다. 그리고 현대 이후에 대해서는 아직 이름조차 정해지지 않았다. 뭐라고 불릴지 현대인은 모른다. 현대 이후 자체가 수수께끼일 뿐이다.

"어쩌면 내가 살아 있다는 것조차 하나의 편견에 지나지 않는 것은 아닐까? 내가 살아 있지 않다는 것을 확신하기 위해서는 여름에 오버엥가딘으로 오는 '교양 있는 사람'이라면 그 누구를 붙들고 물어봐도 좋다…"(이 사람) 죽었다, 죽지 않았다. 니체에게는 둘 다 맞다. 그는 확신한다. 그를 아는 사람이라면 누구나 니체가 죽었음을 알고 있으리라고 확신하는 것이다.

다른 한편으로 그는 아직 죽지 않았다는 것을 너무도 잘 알고 있다. 그는 1월을 맞이하며 "불꽃의 창을 들고 / 내 영혼의 얼음을 깨뜨리는 그대"(즐거운)라고 노래했다. 여기서 '그대'는 로마의 신 야누스Janus이다. 1월을 일컫는 독일어는 '야누아르Januar'이고, 그 어원은 야누스로 소급된다. 두 얼굴을 가진 것이 이 신의 특징이다. 두 개의 얼굴을 동시에 볼 수는 없다. 그것이 문제이다. 두 개의 얼굴 중에 어떤 얼굴을 보느냐가 문제라는 얘기이다.

1월은 한 해의 시작 지점이다. 시작의 순간에 비관적으로 임하느냐, 아니면 낙관적으로 임하느냐가 관건이다. 그래서 1월은 두 개의 얼굴을 가진 신의 이름으로 불리는 것이다. 삶의 순간도 마찬가지다. 시작할 때는 뜨겁고 열정적으로, 마감할 때는 냉정하고 차분하게, 이런 것이 삶의 지혜가 되는 것이다.

하지만 일상 속의 '나'는 상황이 다르다. 대부분의 사람들에게 자신의 영혼은 하나의 익숙한 얼굴로 굳어져 있다. 그런데 빛의 신 아폴론은 '너 자신을 알라'라는 수수께끼 같은 말을 남겼다. '사람이 사람을 모른다'라는 의미에서 이런 말을 한 것이다. 1월의 정신은 이런 얼어붙은 정신을 깨뜨린다. 지성으로 굳은 지식의 세계가 완전히 깨진 후에야 진정한 자유정신의 도래를 경험할 수 있다.

모든 것을 불에 태울 수 있는 정신

"나는 너무 일찍 세상에 나왔다. 나의 때는 아직 오지 않았다."(즐거운) 이런 인식이 니체의 것이다. 허무주의는 아직 도래하지 않았다. 현대와 관련한 모든 것을 불에 태울 수 있는 정신은 아직 오지 않았다. 모든 것을 버릴 수 있는 용기는 아직 존재하지 않는다. 언제나 하나의 이념에 고집을 피우는 정신이 현대인의 것이다. 아직도 돈 얘기만 하면 벌벌 떠는 것이 현대인의 자화상이다. 좋아서 환장해 떨기도 하고, 무서워서 기겁해 벌벌 떨기도 한다.

'나의 때는 아직 오지 않았다.' 니체의 때는 현대 이후와 맞물린다. "우리가 제때에 기억하는 것처럼 제때에 잊을 줄 아느냐"(반시대) 이 것이 생각하는 자가 갖춰야 할 능력이다. 기억하고 싶을 때 기억하고, 잊어야 할 때 잊을 수만 있다면, 인생은 아무 문제 없다. 떠난 사 람은 떠나게 하고, 오는 사람은 오게 할 수만 있다면, 우리의 삶은 아 무 문제 없다. 떠나는 사람을 붙잡으려 하고, 오는 사람을 막으려 하 기에 문제가 발생하는 것이다.

1888년 가을에 폭풍처럼 탄생하는 책들 속에는 자주 '불멸'이란 단어가 등장한다. 니체는 죽을 것이지만, 자신의 책은 불멸이 될 것 임을 그는 예감한다. "나의 글들 속에는 나의 차라투스트라가 있을 뿐이다. 나는 그와 함께 인류에게 지금까지 주어질 수 있었던 것들 중에서 가장 위대한 선물을 주었다."(이 사람) 그가 인류를 위해 준 최 고의 선물을 받을 자격을 갖추었느냐가 문제이다.

"몇몇 사람은 사후에 태어난다." 죽은 후에 태어나는 사람은 누구 일까? 니체의 부활은 단 한 번의 사건이 아니다. 그는 지속해서 부활 한다. 책을 통해서! "이제 너희들에게 말하노라, 나를 잃고 너희 자신 을 찾으라고. 그리고 너희들이 나를 모두 부인할 때가 되어서야 나는 너희들에게 다시 돌아오리라…."(이 사람) 니체의 약속이다. 구약도 아 니고 신약도 아닌, 니체만의 임마누엘이고 또 그만의 약속이다.

니체의 부활을 경험했느냐가 관건이다. 니체가 말한 '내일'을 그저 익숙하고 평범한 내일로만 간주한다면 게으른 정신일 뿐이다. 미래를 자기 자신의 의지로 도래하게 하는 적극적인 정신만이 니체의 음성을 제대로 들을 수 있다. 니체가 말하는 '사후 세계'는 그때 제대로 인식될 것이다. 니체가 말한 '선악의 저편'도 그때 인식의 그물에 제대로 걸려들 것이다.

가장 어려웠던 순간과
가장 고마웠던 순간

어떤 때보다 내 삶의 가장 어려웠던 시절에 더 깊이 감사해야 하지 않을까라고 나는 종종 자문했었다. 내 가장 내적인 본성이 가르쳐주듯이, 높은 곳에서 바라보면 모든 것은 다 필연적이며, 거시경제적 의미에서는 모든 것은 다 그 자체로 유용하기도 하다. — 그것들을 사람들은 견뎌야 할 뿐 아니라 사랑해야 한다…. 운명애, 이것이 내 가장 내적인 본성이다. (니체)

자기 삶에서 무엇이 '가장 어려웠던 시절'로 인식되고 있는가? 누구는 돈 몇만 원을 사기당해서 정신 줄을 놓을 뻔했고, 누구는 '입만 열면 받을 돈 운운'하다가 인생 전체를 망쳐버리기도 한다. 미치거나 자살하거나, 그 대표적인 예가 이런 것들이다.

생각이 처한 상황은 생각이 스스로 처리해야 한다. 아무리 많은 것을 잃었어도 가진 것에 몰두할 수 있다면, 길이 보일 것이다. 모든 것을 다 잃었어도 그 잃은 것을 생각할 수 있는 생각의 주체가 있다는 것을 알고 있다면 답이 주어질 것이다. 없어도 있다, 바로 이것이 인간의 문제이다.

죽을 뻔한 경험, 누구나 다 했을 것이다. 돌이켜 보면 아찔했던 순간이 누구나 다 있을 것이다. 내가 초등학교 1학년 때의 일이다. 그때 홍역으로 얼굴에 물집이 잔뜩 잡혔다. 어머니는 나를 방안에 가둬놓고 문을 걸어 잠갔다. 몇 날 며칠을 그렇게 지냈는지 알 수 없다. 그러다가 깨어나 '엄마!' 하고 말했던 기억이 난다.

그리고 이번 장을 시작하며 언급했던 칼에 찔린 경험은 모두 나의 인생에서 죽음 직전까지 갔던 사건들이다. 정말 죽을 뻔한 경험들이다. 누구는 삼재三災를 말하기도 한다. 민간신앙에서는 물水과 불火과 바람風의 재앙을 뜻한다고 말하기도 한다. 물은 홍역이 선사해준 물집과 함께 지난 듯하고, 불은 고3 때 칼과 함께 불 같이 지난 듯하고, 바람의 재앙은 아직 모르겠다. 나를 죽일 뻔한 태풍은 아직 오지 않은 듯하다.

죽일 듯이 달려드는 삶의 재앙들

긴장의 끈을 놓을 수가 없다. 언제 어떤 바람이 태풍으로 돌변할지 몰라서 정신 줄을 꽉 붙들고 살아야 할 뿐이다. 물론 너무 긴장하면 유연성을 잃는다는 것이 문제라는 것도 잘 안다. 적당히 긴장하고, 적당히 유연해야 한다. 어쨌든 태풍, 그것까지 온 상황이라면 아마 나의 인생도 막바지에 이르지 않았을까. 기다려본다. 나를 죽일 듯이 달려드는 그 재앙은 또 어떤 모습일지 궁금해진다. 그 재앙이 얼마나 강할지 몰라도 나는 견뎌낼 것이다.

"육체여, 너 떨고 있니? 내가 너를 어디로 데리고 가는지를 안다면 너는 더욱 떨게 되리라."(즐거운) 나는 나 자신을 어디로 끌고 가는 것일까? 나의 삶은 나를 어디로 향하게 하고 있는 것일까? 죽음으로? 죽음에게로? 결국에는 죽음뿐인가? 맞는 말이기도 하고, 틀린 말이기도 하다. 삶의 종착역은 죽음이겠지만, 그 자체에 대해서 이성은 아무런 관심도 없다.

죽음은 늘 그저 먼 나라의 이야기쯤으로만 인식될 뿐이다. 아무도 죽어본 사람이 없다. 그러면서도 아무나 죽음에 대해 말들을 쏟아놓는다. 무슨 말을 해도 검증할 수가 없다. 죽음도 또한 형이상학이라는 학문의 한 영역쯤으로 여기는 것이 이성의 일이다.

이성은 죽음을 거울 속에서 바라볼 수 있는 대상쯤으로 간주하게 한다. '일 더하기 일은?'이라는 공식에서 발견되는 결과물을 바라보듯이 그렇게 자기와는 아무런 상관도 없는 것처럼 바라보는 것이다. 그러다가 정작 죽어가는 사람의 눈빛과 마주하면 화들짝 놀라게 된다. '바로 이것이 죽음이구나!' 하고 놀라는 것이다. 참으로 놀라운 일이 아닐 수 없다. 사람은 자신이 죽는다는 것에 대해 현실적으로 이해하려는 마음이 없다. 죽음이 그토록 멀리 있는 것이다.

가장 어려웠던 시간에 대해서 우리는 반드시 감사함으로 대응해야 마땅하다. 죽을 뻔한 사건 앞에서 감사 축제라도 벌여야 할 일이다. 죽을 뻔한 일은 한계에 직면한 것을 의미하고, 그 한계에 대한 인식이 공자가 말한 지천명을 알 수 있게 해준다.

자신을 사랑하면 못 할 일이 없다

니체는 자신의 '가장 내적인 본성'으로 사랑을 이야기한다. 운명애는 아모르 파티를 의역한 것이다. 그냥 라틴어로 기억해도 좋다. 그 의미를 깨닫는 것이 관건일 뿐이다. 운명애는 곧 자기애이다. 자기가 자신을 사랑하는 것이고, 자신이 자기를 사랑하는 것이다. 자기 사랑은 신성한 것이다. 그리고 운명애는 신의 사랑이다. 이런 공식을 발견했느냐가 중요하다.

수학을 잘하려면 공식부터 이해해야 한다. 아무리 공부해도 공부 못하는 머리의 공통점은 공식을 이해하지 못한 상태에서 해답만 외우는 정신머리이다. 해답을 알고 있다고 해서 문제를 파악한 것도 아닌데, 이성은 늘 정답을 알려고만 달려든다. 자신이 모르면 알려고 노력해야 하는데, 이성은 지름길을 알고 있다는 판단으로 늘 이렇게 외쳐댄다. '정답을 말하라!' 정말 이성은 가소롭기 짝이 없다.

인생에는 정답이 없다. 그렇다고 답이 없다는 의미로 받아들이면 안 된다. 답은 있기도 하고, 없기도 하다. 한계에 직면했을 때는 답을 인정해야 하는 상황이고, 한계를 넘어선 상황이라면 답을 찾아 떠나야 하는 상황일 뿐이다. 매 순간이 이런 위기의 순간이다.

살다 보면 눈물 쏙 빼놓는 시간이 있다. 그동안 벌어놓았던 모든 돈을 잃는 순간도 있고, 곁에 있던 사람들이 모두 떠나가는 시절도 있다. 그런 상실의 순간 속에서도 사람은 살아야 한다. 삶의 비결은 운명애에서 발견될 뿐이다. 사랑하면 못 할 일이 없다. 사랑하면 뭐든지 할 수 있다. 자기를 사랑한다면, 자신은 자기를 위한 구원자가 될 수 있다.

높이 오르는 인간에게
필요한 것

높은 감각의 강함이 아니라, 지속되는 것이 높은 인간을 만든다. (선악)

'견뎌라! 이겨내라!' 이런 생각을 반복하다가 나름대로 만들어낸 말이 있다. '규칙적으로, 반복적으로, 지속적으로!'가 그것이다. 묵상은 하나님의 말씀으로 하는 것이지만, 우리는 니체의 문장들로 묵상할 수도 있어야 한다. 그것이 니체의 글을 읽는 자의 예의인 것이다.

"피와 잠언으로 글을 쓰는 사람은 그저 읽히기를 바라지 않고 암송되기를 바란다."(차라) 니체의 바람을 신의 뜻으로 받아들이고 그의 문장을 외우려 해야 한다.

정신력은 생각하는 사고력과 밀접한 관계를 맺고 있다. 인간의 생각은 언어라는 도구를 활용할 수밖에 없고, 언어는 말이 품은 소재로 채워질 수밖에 없다. 내용이 풍부한 생각일수록 그 생각이 감당해낼 수 있는 영역 또한 확장되고 확대될 것이다. 외우고 암송하는 말들이 부정적일수록 자신이 사는 세상은 생지옥을 면치 못할 것이지만, 그 말들이 긍정적인 의미로 충만할수록 자신이 사는 세상은 천국의 이념으로 채워질 것이다.

지속적으로 생각할 수 있는 힘

강한 정신은 규칙적으로, 반복적으로, 지속적으로 생각할 수 있는 힘에 의해서 결정되고 증명된다. 니체는 5년 동안 침묵했던 피타고라스의 열정을 언급하기도 했다. '5년에 걸친 피타고라스의 침묵'(반시대)을 바라보는 니체의 시선은 예사롭지 않다. 말이 5년이지, 한 가지를 생각하며 견디는 것을 스스로 실천해보면 2분 내지 3분도 견디기 힘들다.

시계를 가지고 검증의 시간을 가져보면 스스로 알 수 있다. 초침에 시선을 고정시키고 시간을 쫓아가보는 것이다. 일초, 이초, 삼초…. 간격은 균일하다. 규칙적으로 반복된다. 그리고 시간은 지속되는 과정에서 존재할 뿐이다. 초침의 진동을 느낄 정도로 집중을 거듭해야 한다. 대부분의 정신은 2, 3분 이내에 '딴생각'을 하고 만다.

싯다르타는 6년 동안 명상하며 깨달음을 얻었고, 달마대사는 9년 동안 면벽 수련을 거쳐서 인식을 얻었다. 모두 내 인생을 이끈 영웅들이다. 어린 시절 위인전에서 싯다르타를 처음 접했을 때, 그의 피골이 상접한 인식의 순간을 본 적이 있다. 나도 할 수 있을까? 그때

가졌던 질문은 여전히 진행 중이다. 혹독한 추위를 견뎌내며 나이테를 만드는 나무처럼 모든 것을 버리고 버틸 수 있는가? 그런 고행을 6년 혹은 9년을 지속시킬 수 있는가? 나를 향한 질문이다.

사자가 사자로 군림하는 것의 어려움

낙타에서 사자가 되는 것도 어렵지만, 사자가 사자로 군림하는 것도 결코 만만찮다. 위기는 언제나 도래할 것이며, 시간은 나의 의지와 상관없이 흘러갈 것이기 때문이다. 예전에 〈동물의 왕국〉이라는 다큐멘터리 프로그램에서 늙은 사자의 마지막 장면을 본 적이 있다. 가슴 아프다. 영원한 승자는 없으며 '세월 앞에 장사 없다'는 말을 깨닫는 순간이다.

공부하기로 결심했던 날, 나는 책상 앞에 그냥 앉아 있었다. 그것조차 견디기 힘들었다. 밖에 나가 뛰놀거나 하고 싶은 대로 하던 것이 나의 삶이었다. 그런데 정말 공부하기로 작정한 후 책을 펼쳐놓고 읽는 견딤의 시간을 보냈다. 그것이 나만의 고행의 시작이었다. 인식을 향한 고행이 그런 것이었다.

사람은 누구나 강해지고 싶어 한다. 남자아이들이 공룡을 좋아하는 것도 이유가 있다. 어마어마한 덩치와 근육들이 좋아 보여서다. 여자아이들이 예쁜 인형을 가지고 노는 것도 '여자는 예뻐야 한다'는 인식이 본성으로 자리 잡고 있기 때문이다. 사람은 강해지기 위해 약물을 사용하기도 한다. 하지만 약물에 의한 강함은 잠시뿐이다. 약물을 중단하면 근육과 힘은 순식간에 사라지고 만다.

어느 동료 선생이 한 말이 기억난다. 병원에서 우울증 진단을 받고 약을 먹었더니 하늘이 다르게 보이더라는 고백을 듣는 순간, '아 이런 것이 사람으로 하여금 인문학을 떠나게 하는구나!' 하는 것을 깨달았다. 문학이나 철학을 무용지물로 만드는 그런 약물에 의존하면 할수록 사람은 약해진다는 것을 깨달아야 할 때가 된 것이다. 행복은 자기 책임이기 때문이다.

희망은
인간의 것, 나의 것!

인간은 영원히 행복의 상자를 집안에 두고 어떤 보물이 그 속에 들었는지 신기해한다. 인간은 그것을 마음대로 할 수 있어서 욕심이 날 때면 거기에 손을 뻗쳐 보기도 한다. 인간은 판도라가 가져온 상자가 재앙의 상자라고 생각하지 못하고, 남아 있는 재앙이 행복의 최대 보물인 희망이라고 생각하고 있기 때문이다. (인간)

박사학위 논문을 한참 쓸 때였다. 나르시시즘이 논문의 주제였다. 부정적 나르시시즘과 긍정적 나르시시즘 사이에서 방황을 거듭하던 중에 나는 희망의 메시지를 주목했다. 그러면서 희망이 원래는 재앙이었다는 것을 알게 되었고, 그것을 나의 이론으로 끌어들이려 애를 썼다.

나의 스승은 매주 수요일마다 제자들과 대화를 나누는 면담시간을 정해두었다. 나는 그 시간을 이용해서 매주 최소 A4 용지 한두 장씩 써서 낭독하고 스승의 의견을 듣기를 반복했다. 단 한 주도 빠진 적이 없다. 그중의 한 장면이 별이 되어 기억 속에 남게 되었다.

"니체의 『인간적인 너무나 인간적인』을 읽어보았는가?" 물론 읽었

었다. 그것도 여러 번 읽었노라고 단호하게 말했다. 그때부터 스승의
질문은 날카로워지기 시작했다.

내가 나를 떠받쳐주는 힘

당시에 나는 스승의 의도를 간파하지 못했다. 먼 훗날 『인간적인
너무나 인간적인』을 꼼꼼하게 다시 읽으면서 '희망'이라는 제목의 잠
언을 발견하게 되었다. 내용은 내가 생각했던 것과 별반 다를 바가
없었다. 스승은 내가 니체의 생각을 베낀 것이 아닌가 하고 심사를
했던 것이다. 다른 한편으로는 내가 대견스러웠다. 나는 니체처럼 생
각하고 있었다는 것에 긍지를 갖게 되었다. 스스로가 니체의 언어로
생각에 임하고 있음을 확인하면서 더욱 자신감이 붙게 된 것이다.

희망과 재앙은 한 끗 차이다. 하나의 사물에 지닌 두 개의 얼굴이
다. 희망과 재앙은 시각의 차이에 지나지 않는다. 사물을 바라보는
사람의 눈이 말썽이라는 얘기이다. 비가 오는 날이 나쁜 날씨일까?
그렇게 단순한 이분법으로 사물이 규정될 수 있는 것일까?

나는 평생 비염으로 고생을 하며 살아간다. 그런데 이전에는 감기
에 걸린 줄 알고 감기약만 먹으며 살다가 유학 가서 알게 되었다. 내
가 알레르기 체질이라는 사실을. 깨달음은 나를 놀라게 했다. 그러다
가 비만 오면 인상이 펴지는 내 얼굴을 발견했다. 꽃가루와 먼지가

가라앉는 순간, 나의 호흡이 안정을 되찾고 있다는 사실을 깨달은 것이다. 비가 오면 나는 편해진다. 비만 오면 나는 행복감을 느낀다. 그때부터 비를 기다리는 마음은 즐거운 시간을 만들어내는 요인으로 작동했다.

스승은 희망과 재앙이라는 두 개의 끈을 엮어가는 나의 노력을 인정했다. 그는 나의 생각이 하나의 학문적 이론으로 성장할 수 있도록 검증하고 감시했다. 조금이라도 실수하는 날에는 용서가 없었다. 눈물을 쏙 빼놓는 험한 말로 나를 절벽으로 끌고 갔다. 그렇게 형성된 생각의 절벽은 꿈에서도 나를 괴롭혔다.

절벽 앞에서 돌아서기를 몇 번 하고 나서, 나는 깨달았다. 돌아서는 것만이 최선이 아님을 인식했다. 나는 뛰어내리기로 작정했다. '난 죽지 않을 거야! 난 살 수 있을 거야!' 이런 말을 침묵으로 끌어안은 채 깊음 위의 흑암 속으로 뛰어들었다. 그때가 되어서야 알 수 있었다. 그 안에 내가 나를 떠받쳐주는 힘이 있다는 사실을. 나에게 날개가 있다는 사실을.

자기 자신의 의지로 살아가는 사람

사람이 사람답게 해주는 것은 희망의 존재 여부에 달렸다. 세상에는 희망이 있는 사람과 희망이 없는 사람만이 존재할 뿐이다. 자신의 삶을 자기 자신의 의지로 살아가는 사람은 희망적이다. 그는 자신의 희망으로 인해 스스로 자기 자신을 구원해주는 동력의 원인이 된다. 죽을 듯이 달려들지만, 그런 달려듦이 자신을 어둠 속에서 끌어내는 기적이 일어난다.

기적은 신의 전유물이 아니다. 나 자신도 기적을 낳는 주인공이 될 수 있다. 기적은 논리적이지 않은 곳에서 발생한다. 논리적이지 않은 것은 오로지 비이성의 영역에서 실현된다. 이성적인 존재가 비이성을 감당할 수 있을 때만 희망의 원리가 작동된다. 그러므로 자기 안에 희망을 위한 공간을 마련해둔 정신은 어떤 위기에서도 살아남을 수 있을 것이다.

희망을 갖고 안 갖고는 인간의 소관이다. 희망 그 자체에 대해 신은 아무런 영향을 끼칠 수 없다. 제우스는 희망의 상자를 판도라를 통해 인류에게 주었고, 그 상자 안에는 온갖 재앙을 넣어두었다. 하지만 재앙을 희망으로 알고 사용하는 것은 인간의 몫이다. 물론 제우스는 희망을 갖고 고통스러운 인생을 살아가는 인간의 모습을 바라보면서 행복감에 젖어들겠지만, 인간은 그런 고통 속에서도 즐거운 인생을 만들어가는 비극의 주인공이 된다.

희망은 인간의 것이다. 희망의 시작은 제우스의 뜻이었지만, 인간의 뜻으로 전환을 이룬다. 희망은 더 이상 재앙의 의미로 존재하지 않고 인간의 의지의 범주 안에 들어오고 만 것이다. 희망을 잃지 않는 한, 인생은 즐거움의 원인이 될 뿐이다.

플라톤의 『국가』에 등장하는 '동굴의 비유'가 있다. 동굴 속에는 그림자와 헛것뿐이라는 것이 플라톤의 주장이다. 이에 반해 바그너와 니체는 전혀 다른 동굴 이야기로 세상의 주목을 받았다. 바그너는 『지크프리트』에서 '질투의 동굴'을 언급한 바 있다. 주인공 지크프리트는 두려움을 알기 위해 용을 찾아 나선다. 그리고 니체는 『선악의 저편』에서 '양심의 동굴'을 언급한다. 질투의 동굴에서 용과 싸워야 하듯이, 양심의 동굴에서 시대의 나쁜 양심과 싸워야 한다. 게다가 니체는 『차라투스트라는 이렇게 말했다』에서 '차라투스트라의 동굴'도 언급한다. 차라투스트라는 선도 되고 악도 되며, 스스로 신이 되기도 하고 신을 죽인 악마도 된다. 차라투스트라는 길에서 만난 다양한 절박한 목소리들에 동굴로 돌아가라고 가르친다. 거기서 그 동굴을 채운 목소리에 귀를 기울여 달라고 요구한다. 니체는 수수께끼 같은 이야기로 너무나 인간적인 가르침을 선사한다. 그 동굴 안에서 차라투스트라는 자기 자신을 만날 것이기 때문이다.

3부

어린아이의 단계:
돌아가라, 차라투스트라의 동굴로

Nietzsche

7장

긍정과 사랑:
모든 긍정은 사랑에서 시작한다

미쳐야
사랑도 할 수 있다

사랑으로 행해지는 것은 항상 선악의 저편에서 일어난다. (선악)

폴 앵카라는 가수가 부른 노래 중에 '크레이지 러브Crazy Love', 즉 '미친 사랑'이란 것이 있다. 나의 청소년 시절을 관통하며 사랑을 동경하게 했던 노래다. 나는 나를 미치게 할 수 있는 사랑을 기다렸다. 그런 사랑이라면 나를 허락할 수 있다고 생각했다. 얼마나 행복할까? 그 미친 사람의 심정은 얼마나 숭고할까? 사랑이 자기 안을 가득 채운 상태가 너무도 기다려졌다.

"미친 사랑 / 그것은 바로 미친 사랑이야. / 난 너를 사랑하지만 여전히 알고 있어 / 그것은 미친 사랑이란 것을." 반복되는 운율 속에서 생각은 미친 사랑 속에 걸려들고 만다. 그러면서 행복을 동경하게 된다. 미쳤지만 행복하다는 인식이 생각을 지배한다. '미쳐도 괜찮아, 그게 사랑이야!' 뭐 이런 생각이 위로의 힘으로 작동하기까지 한다.

자기를 찾아 자기 안으로 여행을 떠나다

이성이 이성을 넘어서면 사랑이라는 기적이 일어난다. 기적을 맞이해 기적의 중심에 서고 싶으면 이성에 얽매였던 지난날의 정신을 포기할 줄 알아야 한다. 자기 자신 안에 자기가 너무 많으면 사랑이 들어설 공간을 빼앗고 만다. 자기 자신을 0%로 만들고 사랑하는 대상을 자기 안에 100%로 채운 상태라면, 구원이 무엇인지 아는 경지에 도달하게 된다. '내 안에 너 있다!' 이런 말이 가장 아름다운 사랑의 증언이 되는 것이다.

초인은 자기 안으로의 자기 극복이라고 했다. 초인은 자기를 떠나며 자기 안으로 자기를 찾아간다. 자기를 찾아 자기 안으로 여행을 떠날 수 있는 정신은 초인의 것이다. 목적지를 밖에서 찾지 않는 용기와 자기 안의 목적지를 생각의 범주로 끌어안을 수 있는 용기는 모든 것을 버리게 하지만, 그 포기를 통해 모든 것을 다시 발견하게 해준다. 허무주의는 허무의 감정을 감당하면서 새로운 세상을 발견하게 해준다.

"자기 자신을 경멸하는 사람은, 그러면서도 언제나 경멸하는 자인 자신을 존중한다."(선악) 이런 것이 『선악의 저편』이라는 책을 채우는 문장이다. 경멸하지만, 경멸하지 않고 오히려 존중한다. 이런 말이 복잡하게 들리지 않는 정신이 니체의 글을 읽을 수 있는 지경을 펼쳐준다. '선악의 저편'은 먼 곳에 있지 않다. '자기 안으로 들어가며 자기를 극복한다'는 수수께끼 같은 말을 품을 수 있는 정신이라면 늘 곁에 두고서 위로를 얻을 수 있을 것이다.

"그지없이 기묘한 일이 하나 있다. 그 후로 사람들이 다른 취향을 ― 두 번째 취향을 갖게 되었다는 것이 그것이다. 그런 심연으로부터, 위대한 의혹의 심연으로부터도 사람들이 새롭게 다시 태어난 것이다. 껍질을 벗고, 더 과민하고 더 약해져, 기쁨에 대한 더 섬세해진 취향을 가지고, 모든 좋은 것에 대한 더 예민해진 미각을 갖고서, 더 유쾌한 감각과 기쁨 속에서도 또 하나의 더 위험한 순진함을 지닌 채, 어린아이 같으면서도 동시에 이전보다 수백 배나 세련된 채로 그들은 다시 새롭게 태어난다."(니체) 어려운 문장인가? 어렵게 들리는가? 그러면 술어만 주목하면서 읽으면 된다.

'다시 태어난 것이다.' '다시 새롭게 태어난다.' 니체는 우리에게 이 말을 하려고 이토록 어렵고 복잡하게 말을 만들어놓았을 뿐이다. 사람은 다시 태어날 수 있고, 다시 태어나야 하며, 또다시 태어나야 마땅하다.

"그런 심연으로부터, 위대한 의혹의 심연으로부터도 사람들이 새롭게 다시 태어난 것이다." 심연이 가능성의 공간으로 돌변한다. 깊음 위의 흑암은 신의 신성이 운행을 거듭하는 곳이다. 심연으로부터 태어나는 자는 신이라 불릴 자격이 주어진다.

사랑은 사람에게 영원을 가르쳐준다

인간은 언제나 위기의 존재이다. 인생이 인간을 그런 지경에 머물게 한다. 하지만 그런 위기 속에서 인생을 책임져야 하는 것이 인간을 고귀한 존재로 만들어줄 뿐이다. 인간을 신으로 등극하게 해주는 지경은 '선악의 저편'이다. 선악의 기준을 버리고 떠날 때, 저편이라는 세상이 펼쳐지게 되는 것이다. 인간적인 사랑은 언제나 선악을 넘어선 정신에 의해서 실현될 뿐이다. 사랑에 빠지면 가장 은밀한 곳에 숨겨두었던 것도 상대의 눈앞에 자랑스럽게 드러낼 수 있게 된다.

사랑은 도덕적인 기준에 의해서 실현되는 것이 아니다. 사랑은 도덕의 결과물이 아니다. 물론 그 도덕이 '자기 자신'이라는 기준에 의해서 결정되고 형성된 것이라면 말이 달라진다. 자기 자신이 주인으로 군림할 수 있는 도덕이라면, 즉 주인도덕이라면 그때 주어지는 사랑은 자기 자신을 신으로 만들어줄 것이다.

사랑은 언제나 심연 위에서만 인식된다. 어둠을 이겨낸 정신만이 사랑을 경험하게 된다. 어둠에 갇힌 정신은 깊음 속에서 방황을 거듭하겠지만, 그런 어둠을 빛의 현상으로 인식한 정신은 무한한 행복감에 젖어들 수 있게 해줄 것이다. 깊음의 그 깊이만큼 정신은 높이 솟아오를 것이다. 위기의 순간이 클수록 승리의 쾌감은 커질 것이다. 죽다 살아난 정신은 끝도 없는 높이를 인식할 것이다.

사랑하고 싶으면 선악이라 말하는 기준으로부터 자유로워야 한다.

'이래야 한다, 저래야 한다'는 말을 만들어내는 정신으로부터 자유로워야 마침내 사랑이 도래하는 기적을 맛볼 수 있을 것이다.

사람은 죽을 때까지 사랑을 실천하며 살아야 한다. 그것이 삶을 선물로 받은 존재에게 주어진 영원한 숙제이다. 사랑하지 않으면 구원도 받을 수 없다.

사람은 늘 선악이라는 짐을 짊어지고 사막을 건너다가, 그 짐을 벗어던지고 사자의 정신으로 저편의 삶을 실현해내야 하는 것이다. 낙타의 정신으로 사막을 건너는 것도 삶이고, 사자의 정신으로 자유를 즐기는 것도 삶이다. 사랑은 사람에게 영원을 가르쳐준다. 영원을 알고 있기에 사람은 사랑을 포기할 수도 없고, 포기해서도 안 된다.

거울 앞에 서야 보이는
신의 얼굴

나는 나의 가르침을 되비추어줄 깨끗하고 반반한 거울이 필요하다. (차라)

나는 어렸을 때 어머니가 외출하는 것에 대해서 두려움을 가진 적이 있다. 시장에 가는 어머니를 따라가려는 나를 누나가 붙들고 놓아주지 않았을 때, 나는 정말 정신 줄을 놓을 뻔했다. 누나의 힘을 감당할 수 없어서 그 안에서 옴짝달싹하지 못했을 때 나는 눈앞이 캄캄해지는 것을 경험했다. 생지옥이 따로 없었다.

그러다가 조금씩 알게 되었다. 어머니는 떠났다가 다시 돌아오는 존재임을 깨달은 것이다. 그때부터 떠나가는 어머니에 대해 미련을 갖지 않는 놀라운 현상이 나에게 일어났다. '난 괜찮아!' 하며 자신을 달래준 다음, 말없이 맨땅에 그림만 그리며 아무렇지도 않은 듯 무심한 표정으로 놀 수도 있었다. 그런 그림을 그리면서 시간을 보낼 줄도 알게 된 것이다. 나에게 일어난 놀라운 변화였다. 나는 혼자 있을 수 있었다.

자기 자신을 대상화할 줄 아는 인간

현상은 변화의 속성으로만 인식된다. 변화를 품지 못한 현상은 존재할 수도 없다. 이성은 받아들인 것만 되돌려줄 뿐이다. 이런 의미에서 이성은 그저 내용 없는 형식에 지나지 않는다. "이성은 여성적인 성질을 갖고 있다. 즉 이성은 받아들인 다음에만 줄 수 있다. 이성이 그 자체로 홀로 갖고 있는 것은 내용이 없는 조작의 형식뿐이다."[22] 이것이야말로 이성을 가장 잘 설명해준 말이 아닐까 싶다.

인간은 거울을 가진 존재이다. 인간은 거울을 볼 줄 아는 존재이다. 인간은 거울을 도구로 사용할 줄 아는 존재이다. 인간은 자기 자신을 대상화할 줄 아는 존재이다. 인간은 스스로 자기가 되기도 하고, 스스로 자신이 되기도 한다. 인간은 스스로 본질이 되기도 하고, 스스로 현상이 되기도 한다. 이런 것이 신에게서는 발견되지 않는 능력이다.

니체는 잠언으로 철학을 하는 길을 가르쳐주었다. 벌써 몇 번 언급한 문장이지만, 다시 읽어보도록 한다. 반복만이 인식을 허락할 것이기 때문이다. "피와 잠언으로 글을 쓰는 사람은 그저 읽히기를 바라지 않고 암송되기를 바란다."(차라) 암송하는 행위가 철학을 하는 행위인 것이다. 암송을 거듭하다 보면 묵상이 이뤄지고, 묵상이 이뤄지면 부지불식간에 '복 있는 사람'이 되는 것이다.

암송을 암소의 비유로 말하면 그것이 곧 되새김질이 되는 것이고,

성경의 말로 설명하면 그것이 곧 묵상이 되는 것이다. "오직 여호와의 율법을 즐거워해 그의 율법을 주야로 묵상하는도다."(시편 1:2) 묵상은 시간을 따지지 않고 진행되어야 하며, 신의 말을 반복할 때만 가능한 것이다. 그런 묵상이 행복을 기약할 수 있게 해준다.

거울 속 자신의 모습을 바라보기

그리고 철학은 끊임없이 자기를 거울 앞에 세워놓는다. 거울은 반성과 자기 성찰이라는 것을 가능하게 해주는 도구가 된다. 거울 속의 자기 형상이 진정 자기 모습일까? 그렇게 간단한 논리라면 문학도, 철학도, 신학도 다 필요 없다. 형상이 보여주는 현상만으로 해결되지 않는 것이 '자기 자신'이라는 문제이다. 그래서 니체는 끊임없이 현대인을 거울 앞에 세워놓는다. 그의 끈질김은 잔혹하기까지 하다.

'나는 누구일까?' 현재의 내 모습이 진정 내 모습일까? 이런 질문 앞에서 만족할 만한 대답을 듣는 것은 불가능하다. 나는 지금 이 순간에도 변화에 직면해 있기 때문이다. 지금 이 순간 누군가가 '너는 이런 사람이다!'라고 단정하면 누구는 경이롭게 생각할 것이고, 또 누구는 기분 나빠할 것이다. 경이롭게 생각하는 사람은 그 단정이 예상치도 못했을 경우이고, 기분이 나빠진 사람은 그 단정이 도저히 용납할 수 없는 경우이다.

거울 속 자신의 모습을 바라보게 하는 니체의 그 치열함은 때로 잔인하기까지 하다. 차마 눈을 뜨고 볼 수 없는 모습까지 보게 할 때도 있다. 쓰러질 때까지 몰아붙이기도 하고, 숨이 막힐 때까지 숨통을 조이기도 한다. 하나도 남김없이 불꽃 속에 집어넣어 불태울 때까지 몰아붙이는 것이다. 그런 행위가 거울과 함께 진행될 뿐이다.

'반반한 거울', 그것은 왜곡을 일으키는 그런 거울이 아니다. 표면이 거칠지도 않은 그런 거울일 뿐이다. 있는 것을 있는 그대로 보여주는 그런 거울에 지나지 않는다. 그런 거울을 필요로 하는 것이 니체의 철학이다. 그런 거울을 철학적 형식으로 인식하는 것이 관건이다. 암기하고 암송하고 묵상하는 수많은 문구를 통해 우리는 그런 거울을 얻게 될 뿐이다.

올라오라,
내가 내려가야 할 조짐이 없으니

자, 사람들이여, 그러니 이제부터는 내가 있는 이곳으로 올라오는 것이 좋겠다. 내게는 아직도 내가 내려갈 시간이 되었다는 조짐이 나타나지 않았기 때문이다. (차라)

올라감과 내려감은 늘 반복된다. 다가섬과 돌아섬도 항상 반복의 형식으로 주어진다. 차라투스트라는 태양처럼 몰락하면서 이야기를 시작한다. 차라투스트라의 몰락은 빛이 없는 하계에 빛을 주러가는 행위에 지나지 않는다. 빛이 없는 곳에서 차라투스트라의 몰락은 해가 뜨는 현상, 즉 일출의 현상으로 인식될 뿐이다. 하지만 몰락을 원한다고 해서 자동으로 몰락할 수 있는 것도 아니다. 우리는 규칙적으로, 반복적으로, 또 지속적으로 "몰락을 준비해야 한다."(비극) 준비된 자에게 몰락은 행복의 순간이 된다.

"그렇게 되면 몰락하고 있는 자는 그 자신이 저편으로 건너가고 있는 자임을 깨닫고 자기 자신을 축복할 것이다."(차라) 몰락하는 자가 몰락하고 있는 자신을 축복한다. 비록 몰락하지만, 그것은 축복해줘야 할 일이 된다. 몰락은 저편으로 건너가고 있는 것이다. 저편으로 가는 것은 좋은 일이고, 권장할 만한 일이다. 오히려 그렇게 건너가는 자가 용감한 자임을 인정해야 하는 순간이다.

자기 자신을 알아가는 그런 생각

떠나가야 할까, 아니면 돌아가야 할까? 그것은 그때그때 다른 이야기를 형성할 뿐이다. 파도처럼 들이닥칠 때도 있고, 밀려가야 할 때도 있는 것이다. 니체는 늘 사람 사는 이야기를 하고 있을 뿐이지만, 그것을 비유라는 형식에 담아놓다 보니 우리가 이해하는 데 어려움이 발생할 뿐이다. 하지만 그 어려움도 결국에는 사랑이 어려운 것이라는 데서 발생하는 것에 지나지 않는다.

이성은 늘 자신이 아닌 것을 바라보게 하는 힘과 같다. 이성은 항상 논리라는 것을 붙들고 머물게 하지만, 그런 논리로 자기 자신을 발견할 수는 없는 법이다. 이성은 언제나 생각을 하게 하는 원동력을 제공하지만, 그 이성 속에는 사실 자기 자신과는 아무 상관 없는 것들이 쌓여들 뿐이다. 그래서 '너 자신을 알라'라는 명령이 의미를 얻게 되는 것이다. 자기 자신을 알아가는 그런 생각은 누구도 자발적으로 하려 하지 않기 때문이다.

생각으로 올라가야 하는 경지도 있다. 그 높은 곳에 이르러야 행복이 주어지는 것이다. 꿈꾸는 높이만큼 사람은 올라갈 것이다. 생각하는 그 높이만큼 사람은 생각할 수 있을 것이다. 니체는 높은 곳에 인간이라는 존재를 설명해놓은 상태이다. 이제 우리에게는 그가 설명해놓은 곳까지 올라가는 것이 진정한 숙제가 되는 것이다.

자기 자신과도 결별을 감당해야 한다

"나는 내 신용에 따라 살아간다."(이 사람) "그리고 바로 이 때문에 나는 나의 삶에 대해 이야기를 하려는 것이다."(이 사람) 이런 글들이 『이 사람을 보라』라는 제목으로 집필된 자서전 속에 있다. 신이 된 사람, 신이 된 철학자의 자서전이다. 이미 여러 번 언급했듯이 '자서전'이라는 이 제목으로 그는 스스로 신이 된 자임을 고백한 셈이 되고, 그가 남긴 이야기 속에는 인간이 신이 되는 과정이 담겨 있음을 밝혀놓은 것이 된다.

니므롯은 신에 대항하기 위해 탑을 쌓았다. 그 탑의 높이는 신의 경지에 이를 것이 틀림없다. 자신이 쌓아 올린 탑이 얼마나 높은지는 자신의 범주를 벗어나봐야 보일 뿐이다. 그 안에서는 보이지 않는다는 것이 문제일 뿐이다. "나는거울이없는실내에있다"는 시인 이상의 말처럼, '거울이 없는 실내'에 있음이 실현되어야 거울을 들여다보는 일이 가능해지는 것이다. 거울이 없는 실내는 거울 속에서만 가능할 것이기 때문이다.

똑같은 원리로 탑의 높이를 가늠할 수 있는 지경도 결국에는 탑을 쌓고 있는 곳에서 멀리 떨어져야 한다는 것이 문제의 핵심이다. "언제 결별이 필요한가. ― 적어도 한때는, 네가 인식하고 측정하려고 생각하는 것과 너는 결별하지 않으면 안 된다. 네가 거리를 떠났을 때 비로소 너는 그 거리의 탑들이 집 위에 얼마나 높이 솟아 있는지를 보게 될 것이다."(인간) 탑의 높이를 알고 싶으면 자기 자신과도 결별을 감당해야 한다.

별들이 발아래 놓일 때까지
올라가라

오 차라투스트라여, 그러나 너, 모든 사물의 바탕과 배경까지 보려고 했지. 그러니 너 너 자신을 뛰어넘어 오르지 않을 수 없는 것이지. 너의 별들을 발아래 둘 때까지 위로, 위를 향해! / 그렇다! 나 자신과 나의 별들을 내려다볼 수 있는 경지, 그것만이 나의 정상이렷다! 바로 그 경지가 내가 오를 마지막 정상으로 남아 있는 것이다! (차라)

별들은 밤하늘을 밝힌다. 별빛이 어둠을 밝힌다. 빛이 없는 곳에서 빛을 보게 해주는 것이 별이라는 존재이다. 별들은 늘 높은 곳에서 빛의 현상으로 존재할 뿐이다. 별이 있는 곳은 하늘이고, 하늘은 대지의 반대편에 있으며, 대지의 반대편은 하늘의 의미로 우리에게 주어져 있다. 한마디로 별들은 하늘 높은 곳에 있다는 얘기이다.

언제까지 올라가야 할까? 죽을 때까지 올라가야 한다. 어디까지 올라가야 할까? 삶이 허락하는 데까지 올라가야 한다. 무엇을 목적으로 둬야 할까? 이성이 이성적으로 할 수 있는 데까지 목적을 둬야 한다. 이것이 우리의 한계이다.

"우리 청각의 한계. — 인간은 대답할 수 있는 질문만 듣는다."(즐거운) 질문도 없으면서 대답만 들으려는 자가 게으른 자이다. 이런 사람은 노력도 하지 않으면서 성과를 얻고자 하는 자에 지나지 않는다.

모든 사물의 바탕과 배경까지 보자

니체는 '모든 사물의 바탕과 배경까지 보려'라는 요량으로 오르기를 반복했다. 그는 그런 높은 경지를 괴테에게서도 발견한다. "그는 순전히 그 자체로 통일체를 이루는 지평들로 자신을 에워쌌다. 그는 자신을 삶으로부터 떨어뜨리지 않고, 삶 안에 정위定位시켰다. 그는 겁내지 않고 가능한 한 많은 것을 자신에게, 자신의 위에, 자신 안에 받아들였다. 그가 원했던 것은 총체성이었다."(우상) 그런 총체성을 니체도 바랐던 것이다. 총체성, 그것은 무아지경이다.

모든 것이 하나가 되는 경지에 도달하게 되면 마침내 하나의 지평들이 보일 것이다. 그 지평들이 새로운 한계를 인식하게 해줄 것이다. 그때가 될 때까지 올라가야 하는 수고는 자기 스스로 감당해야 한다. 스스로 탑을 쌓고, 그 탑을 스스로 올라가기를 반복하며 별들이 발아래 놓일 때까지 하던 일을 거듭해야 한다. 생각하는 존재는 죽을 때까지 생각으로 삶을 견뎌야 한다. 생각은 다른 사람이 대신해줄 수가 없다.

별들에 대한 고민도 거듭해야 한다. 무엇을 두고 니체는 별들이라 말하고 있는지를 깨달아야 한다. 그는 '너의 별들을 발아래 둘 때까지'라고 말했다. '너의 별들', 그것은 자기 자신이 바라고 원했던 것들이다. 자신이 살면서 꿈꾸고 희망했던 것들이다. 머리 위에 혹은 머리 꼭대기에 있던 그것들을 발아래 두는 것이 목적이고, 그 목적이 이뤄지고 나면 새로운 한계가 눈에 들어올 것이다.

자기 자신에게 부끄러운 존재가 되지 않기

'나 자신과 나의 별들을 내려다볼 수 있는 경지', 그곳은 모든 꿈과 희망을 심연처럼 어둠 속에 별빛으로 바라볼 수 있는 경지이다. 한없이 먼 위의 것이, 한없이 먼 아래의 것으로 반전을 이룬다. 한없이 동경하던 것이, 한없이 멀리 떠나보낸 과거의 일이 된다. 한없이 가치 있던 것이, 한없이 극복해낸 결과물이 된다. 버리고 버려 별이 된 빛이다. 버티고 버텨 힘줄이 된 정신 줄이다. 밤하늘을 바라보며 내려다본다는 그런 마음이 이토록 신비롭기만 하다.

"그것만이 나의 정상이렷다! 바로 그 경지가 내가 오를 마지막 정상으로 남아 있는 것이다!" 아직 끝이 아니다. 아직 마지막이라고 말하면 안 된다. 아직 힘이 남아 있다. 아직 마지막을 향해 달려갈 수 있는 힘이 있다.

우리는 힘이 있는 한 살아야 한다. 그 마지막 고지를 향해 앞으로 나아가야 하는 것이다. 모든 동경의 대상들이 나의 발아래 놓여 또 다른 형식으로 먼 것이 될 때까지, 살고 또 살아 결코 자기 자신에게 부끄러운 존재가 되지 말아야 한다.

날개를 가진
정신

〈알바트로스 새여〉

오, 놀라워라! 아직도 날고 있어?
높이 솟아오르면서도 날개는 쉬고 있어!
무엇이 그를 그토록 떠받쳐 주지?
무엇이 이제 그의 목표이며 항로이며 고삐이지?

가장 높이 날아올라 — 이제는 하늘조차
이 개선의 비행사를 떠받치고 있어
이제 그는 조용히 쉬면서 날아올라
승리도 잊고 승자도 잊어

별처럼 영원처럼 이제 그는
삶이 갈망하는 저 높은 곳에 살아
질투조차 동정하면서 —
그가 나는 것만 보아도 높이 날아올라!

오, 알바트로스 새여!
영원한 충동이 나를 높은 곳에 오르게 해!
너를 생각하면 흘러내려
눈물에 눈물이 — 그래, 나는 너를 사랑해! (즐거운)

226

중학생 때였나 아니면 고등학생 때였나, 기억은 가물가물하다. 리처드 바크의 소설 『갈매기의 꿈』을 읽고 그 갈매기를 좋아했다. 그가 보여준 노력을 나도 해보기로 했다. 나에게는 날개가 없음을 직감하고 갈매기의 날개에 버금가는 것으로 나에게 주어진 것은 무엇인지 비교해보았다. 그때 '나에게는 생각하는 능력이 있다'는 사실을 느닷없이 깨달았다. 나에게는 생각이 있다! 나의 생각은 나에게 나만의 발견물이 되어주었다.

사람은 누구나 생각하는 능력을 지녔다. 이성적 존재는 이성의 달인이 되어야 한다. 이성을 잘 다루는 그런 장사가 되어야 한다. 정신력을 키워 모범이 되는 어른이 되어야겠다…, 뭐 이런 생각이 청소년기에 형성된 것이다. 그래서 성실하게 노력하기로 했다. 늘 한계를 바라보며 그 한계에 도전하는 것을 나의 목표로 삼았다. 그러면서 최선을 다하기로 작정한 것이다.

올라감과 내려감이 교차하는 이념

내가 가장 많이 묵상하는 말들 중에는 시들이 상당 부분 차지하고 있다. 그것들 중에 니체의 〈질스마리아〉와 〈알바트로스 새여〉는 내 인생의 동반자와 같다. 매년 새해를 맞이하며 수첩을 사고 나면 첫 페이지에 이 두 개의 시를 만년필로 정성스럽게 적어놓곤 한다. 한

해를 관통하며 묵상할 요량으로 그렇게 나만의 성스러운 일을 벌이는 것이다. 나만의 축제를 이런 식으로 준비하는 것이다.

이 두 개의 시는 내 정신의 여정에서 항상 앞장을 서주는 두 마리의 말과 같다. 이들에게 묶인 마차는 아폴론의 마차가 되어준다. 늘 빛의 무리를 이끌고서 어둠을 밝히는 일에 열중한다. '어둠이 있는 곳이라면 어디든 가겠노라', 다짐하며 살았다. 그 마차에서 발사되는 빛의 화살은 온갖 사물에 가서 꽂히는 그런 느낌이다. 그 화살을 맞고도 어둠 속에 갇혀 남을 수 있는 정신은 존재하지 않을 것이라는 확신이 나를 이끌어주었다.

〈알바트로스 새여〉로 시의 제목을 새롭게 단장했다. 매번 읽을 때마다 조금씩 번역을 수정했다. '포겔 알바트로스Vogel Albatross'라는 원래 제목을 거의 직역에 가깝게 옮겨놓았다. 정말 글자 그대로 옮긴다면, '새 알바트로스'가 되지만, 왠지 어색하다. '새여 알바트로스여'라고도 해보았지만, 그 또한 여전히 어색한 느낌이 들어서 순서를 바꿔서 '알바트로스 새여'로 결정했다.

내가 이 시를 그토록 좋아하는 이유는 올라감과 내려감이 교차하는 이념이 시의 형식으로 완성되어 있기 때문이다. 새는 비상하며 올라가지만, 그 새를 바라보는 시적 자아 '나'는 눈물을 흘린다. 날아가는 그 새의 모습을 바라보며 승리감으로 채운 부푼 가슴을 확인하지만, 그것을 바라보는 나는 뒤에 남겨진 상태에서 그를 향한 사랑을 확인한다.

228

바람 속에서도 편안함을 느끼다

올라감은 쉬운 일이 아니다. 살면서 한 발짝이라도 전진하려 할 때는 온갖 태풍과 맞서야 한다. 힘이 있으면 그 태풍조차 행운으로 바꿔놓고 말 것이다. 바람이 거셀수록 비행은 쉬워질 테니까 말이다. 힘이 있을 땐 무엇을 만나도 반갑다. 귀신을 만나도 웃으며 진심으로 품어줄 수 있고, 악마를 만나도 반갑게 맞이하며 함께 놀 수도 있다.

이런 힘의 넘침이 시의 형식으로 완성된 것이다. 비상의 달인은 날갯짓 한 번 제대로 하지 않고서도 높이 날아오른다. 바람을 맞고서도 편안하게 비상을 즐긴다. 안달복달 날려고 애를 쓰는 모습은 그의 것이 아니다. 할 수 없는 것을 하려고 발버둥 치는 것은 그의 일이 아니다. 그는 모든 것을 할 수 있다. 그래서 여유롭기까지 하다. 바람 속에서도 편안함을 느끼는 지경이다.

그에게는 서두름조차 없다. 모든 것을 운명에 맡긴 듯이 한가롭기만 하다. 날고 있으면서도 쉴 수 있는 그 능력은 날개를 가진 존재에게는 최고의 기술이 된다. 그렇다면 우리는 '이성을 활용하면서도 이성을 즐길 줄 알아야 한다'는 것이 우리의 목표가 된다. 이성적 존재로서 이성의 대가가 되는 것이 삶의 목표인 것이다. 잊어야 할 때는 잊고, 기억해야 할 때는 기억하며 살아주면 된다.

누군가가 질투를 하면 동정으로 대응하면 된다. '질투조차 동정하면서'라는 구절은 수많은 날들을 견뎌내게 해준 명언으로 내 마음속에 각인되어 있다. 질투는 사람의 일이라 정말 조심해야 한다. 타인이 해오는 질투는 동정으로 맞서면 되지만, 자기가 질투를 하는 주인공이 되면 정말 위험해지고 만다.

스스로 질투의 불꽃이 되어 자신의 삶을 태워놓는 일은 없어야 한다. 그런 경계의 인물로 나는 〈아마데우스〉라는 영화 속의 인물 살리에리를 기억하고, 또 명심하고 있다. 그는 질투심에 빠져서 생을 마감하는 안타까운 인물이다. 영화의 시작은 정신병원이고, 영화의 끝도 정신병원이다. 시작과 끝이 정신병원에 갇혀 있다. 그의 얼굴 뒤로 빛이 들어오고 있지만, 정신은 먼 곳으로 떠나버린 그런 섬뜩한 장면은 아직도 나를 정신 차리게 해준다.

사람을 바로 잡아줄 대장장이는
이 세상에 없다

그대들을 두들겨 바르고 곧게 잡아줄 대장장이가 이 세상에는 없다. (차라)

천재가 말썽을 피우면 답이 없다. 아무도 그를 도와줄 수가 없다. 스스로 높이 오른 정신은 그래서 자신의 정신을 조심스럽게 다뤄야 하는 것이다. 정신이 하는 일은 일상의 눈에는 보이지 않는다. 보이지 않지만 '존재하지 않는다'고 말하는 실수는 저지르지 말아야 한다. 정신은 존재한다. 정신은 말의 형식과 책의 형식으로 존재한다.

한 사람의 삶을 알고 싶으면 그 사람이 평생을 거쳐 한 말들을 기억하면 된다. 사람이 죽으면 그가 한 말로 인해 위인이 되기도 하고, 의미 없이 사라지는 존재가 되기도 하며, 영원한 역적의 이름으로 기억되기도 한다. 괜찮은 어른이 되려는 우리는 가능하면 위인이 되려고 애를 써야 하지 않을까, 가능하면 영웅이 되려고 애를 써야 하지 않을까, 이것이 나의 생각이다.

'너 자신을 알라'는 학문의 전부이다

나는 어린 시절 이순신 장군을 좋아했다. 시시때때로 그가 한 말들을 기억하며 묵상의 시간을 가졌다. 1597년 명량해전에서 그는 "필사즉생 필생즉사"라는 명언을 남겼다. 이 말이 바로 니체의 초인정신을 닮았다. 니체도 "나를 죽이지 않는 것은 나를 더욱 강하게 만든다"(우상)라고 말을 했기 때문이다. 죽지 않고 살아남을 때 강한 사람이 탄생하는 것이다.

생명을 위협하는 것은 이 세상 전체라고 말해도 된다. 자연 속에는 위험한 경우의 수가 무수히 존재한다. 그래서 평상시에 힘을 길러놓아야 한다. 힘이 있을 때 힘을 키워놓아야 한다. 건강할 때 건강을 챙겨야 한다.

니체는 삶이라는 현장을 수많은 불길한 비유들로 설명해놓았다. 사막의 모래도 삶의 현장이고, 밀림의 야생도 삶의 현장이고, 바람으로 채운 허공도 삶의 현장이 될 수 있다. 하지만 그 어떤 현장에서도 살아남는 것이 관건이다.

아폴론은 "너 자신을 알라"고 말했다. 니체는 "'너 자신을 알라'는 학문의 전부이다"(아침)라고 말했다. "모든 사물에 대한 인식의 끝에 도달해서야 인간은 스스로 자기 자신을 알게 될 것이다. 왜냐하면 사물들은 오로지 인간의 한계가 될 뿐이기 때문이다."(아침) 이런 말로 묵상할 줄 알아야 한다. 이해를 한 뒤에는 그 이해한 것이 습관으로

232

자리 잡을 때까지 반복해야 한다는 얘기이다.

인식의 끝이 있다. 인식의 한계가 있다. 그곳까지 생각으로 가야 하고, 그곳까지 생각을 견뎌내야 한다. 끝까지 견뎌낸 인식은 새로운 한계를 보여줄 것이다. 그 새로운 한계를 직면했을 때 마침내 먼 곳에서 모습을 드러내는 자기 자신을 알게 될 것이다. 그때가 되면 "그러나 끝까지 견디는 자는 구원을 얻으리라"(마태복음 24:13)고 말하는 신의 말도 이해할 수 있을 것이다. 견디고 견뎌 신이 된다. 참고 참아 불멸이 된다. 오르고 올라 별이 된다.

끝까지 견디지 않는 자는 신도 구원해주지 못한다. 신도 어쩔 수 없는 지경이 있다. 자신을 인정하지 않는 자까지 구원해줄 수는 없기 때문이다. 이런 인식의 한계에 직면해서야 마침내 새로운 인식이 번개처럼 주어질 것이다. 그 한계에서 바라보게 될 얼굴이 신의 얼굴이겠지만, 그것을 니체의 형식으로 옮겨놓으면 그것이 바로 '이 사람을 보라'에서 말하는 그 사람의 얼굴이 될 것이다. 신이 된 사람의 얼굴은 바로 그때 인식의 얼굴로 비칠 것이다.

더 노골적으로 말하면, 한계에서 확인하게 될 얼굴은 자기 자신의 얼굴이다. 깊음 위의 흑암, 그 깊은 심연을 품은 수면 위에서 확인하게 될 얼굴은 하나님의 영이지만, 그 영의 영상은 자기 자신의 모습이라는 의미로 주어지게 될 것이다. 그때 인식되는 사람의 얼굴은 모든 창조의 주체가 될 것이다. 모든 것을 하나로 엮어놓을 총체성의 주인공이 될 것이다.

이성이라는 무기로 비이성과 맞서기

대장장이에 대한 이야기는 신화나 전설 속에 심심찮게 등장한다. 특히 게르만 민족의 전설 속에는 영웅 지크프리트를 키우는 난쟁이로 미메Mime라는 인물이 있다. 그의 직업은 대장장이이다. 그에게서 쇠를 만지는 기술을 배운 지크프리트는 자기 자신을 위해 노퉁Notung이라는 칼을 만들어낸다. 그리고 그 칼로 용의 심장을 찔러 죽인다. 용을 죽인 대장장이의 양아들 지크프리트는 영웅이 된다.

여기서 우리는 중요한 사실을 하나 깨달아야 한다. 칼이 문제라는 사실이다. 영국의 건국신화 아더 왕의 이야기에서도 엑스칼리버Excalibur라는 칼이 문제였다. 마찬가지로 독일의 건국 신화에서도 칼이 문제가 되고 있다. 그 칼은 삶을 위한 무기가 된다. 살고 싶으면 무기가 필요하다. 바로 이것이 인식의 문제이다.

인간에겐 이성이라는 최고의 무기가 주어져 있다. 니체는 이 이성을 사용하는 기술을 가르치고자 했다. 이성은 비이성과 맞서야 한다. 이성과 비이성은 늘 함께 공존할 뿐이다. 이럴 수도 있고 저럴 수도 있는 것이 이성의 힘이다. 나는 괴물도 될 수 있고, 영웅도 될 수 있다. 나는 악마도 될 수 있고, 신도 될 수 있다. 생각이 자기 자신을 그렇게 만드는 것이다.

자기 자신이 쇠붙이다. "그대들을 두들겨 바르고 곧게 잡아줄 대장장이가 이 세상에는 없다"는 니체의 말에 귀를 기울여야 한다. 니체가 한 말을 제대로 알아들을 때까지 묵상에 묵상을 거듭해야 한다. 그런 거듭된 생각의 노고도 없이 그의 말을 받아들이게 되면 이상한 말을 쏟아놓는 폭군이 되고 만다. 하지만 니체의 말이 들릴 때는 '선악의 저편'에서 뜨는 무지개가 자신의 눈앞에 펼쳐지는 지경까지 경험하게 될 것이다.

니체가 꿈꾸는 이상향은 소위 암소들이 여유롭게 모여 있는 언덕이다. "보라, 언덕에 암소들이 모여 있는 것이 아닌가. 가까이에 있는 그들과 그들의 채취가 그의 가슴을 녹여주었던 것이다. 그런데 이들 젖소는 누군가가 하고 있는 말을 열심히 듣고 있는 듯했다."(차라) 암소와 같이 되지 않는다면 천국에 이를 수 없다.

"우리가 변화해 이들 암소와 같이 되지 않는다면 천국에 이를 수가 없다. 저들에게 배울 것이 하나 있으니, 되새김질이 바로 그것이다. / 그리고 참으로 사람이 온 세상을 다 얻고도 되새김하는 법, 이 하나를 배우지 못했다면 무슨 소용이 있는가!"(차라) 암소에게서 배워야 할 기술은 되새김질이다. 그런 되새김질을 통해 우리는 위대한 칼을 얻게 된다. 그런 큰 칼을 옆에 둘 때 우리는 민족과 국가를 지키는 이순신 장군도 될 수 있다.

Nietzsche

8장

바퀴와 인연:
삶의 수레바퀴는 자기 힘으로 돌아간다

망상을 망상으로
바라보는 시선

선과 악이라고 불리는 진부한 망상이 있다. 지금까지 예언자와 점성술사
들의 둘레를 이 망상의 바퀴가 돌고 돌았다. / 오, 형제들이여, 지금까지 별
과 미래에 대한 것은 망상이었을 뿐 알려진 것은 아무것도 없다. 그리하여
선과 악에 대한 것도 지금까지 망상일 뿐 실제 알려진 것은 아무것도 없다!
(차라)

사람은 망상과 싸워야 한다. 생각하는 존재는 끊임없이 망상을 좇기
도 하고, 그 망상에 쫓기기도 한다. 그것이 사람의 삶이라는 사실 앞
에서 우리는 소중한 인식을 얻어야 한다. 좇는 것이 망상일 때는 결
국 그 망상에 쫓기는 자가 되는 신세를 깨달아야 한다. 생각하는 존
재가 생각을 잘못하면 스스로 그 생각에 쫓기는 희생자가 된다는 사
실을 깨달아야 한다는 얘기이다.

하나의 생각을 짐으로 짊어지고 견뎌야 하는 시간은 낙타의 정신
으로 살아야 하고, 그 하나의 생각을 가지고 높이 날아오를 수 있는
지경에서는 사자의 정신으로 모든 것을 잊으면서, 또 질투조차 동정

하면서 하염없이 높이 날아주면 된다. 그러다가 한계에 도달하면 그 한계를 넘어서서 새로운 존재를 바라보면 될 일이다. 이때 요구되는 것이 어린아이의 정신이다.

사람을 위해 살아주는 괜찮은 어른

사실 어린아이에 대한 이야기는 니체 전집을 통해 그리 많이 등장하지 않는다. 아니, 거의 없다고 말해도 된다. 이는 마치 쇼펜하우어가 정답을 들려주기 위해 네 권으로 이뤄진 책 『의지와 표상으로서의 세계』를 집필했지만 그 들려주고 싶은 정답은 다시 별이 되는 이야기로 마감하는 수수께끼 같은 결말과 같다. 이상은 이상으로 남겨두는 것도 지혜이다. 굳이 그 이상을 말로 형용할 때 이상은 정말 이상한 형상으로 변질되고 말 것이기 때문이다.

이성은 옳고 그름을 따진다. 일 더하기 일은 이다. 그것을 이해하는 것이 이성의 일이다. 이 빼기 일은 일이다. 이 말도 이해하는 것이 이성이다. 이성은 인간의 전유물이다. 인간만이 가진 이성이라는 능력을 이해하기가 이토록 어려운 일이다. 그 어떤 동물에게서도 발견할 수 없는 능력이 이성이다. 그런데도 인간은 인간을 모르니 문제가 정말 크다.

옳고 그름의 다른 말은 선과 악이다. 인간은 끊임없이 원수를 만

240

들고 혐오의 감정을 발산한다. 그런 감정으로 정점을 찍은 시대가 중세이다. 이 시기 동안에 가장 많이 벌어진 것이 악에 대한 처단이었다. 거의 200년을 훌쩍 뛰어넘는 시간 동안 십자군들은 원정을 일삼았다. 악마를 죽이겠다는 일념 하나로 그토록 오랜 세월을 보낸 것이다. 사람을 죽이면서도 일말의 가책도 느끼지 않았던 것이다. 스스로 괴물이 되고 있음을 깨닫지도 못했던 것이다.

사람이 괴물이 되는 것은 한순간이다. 생각이 잘못되면 사람은 순식간에 괴물이 될 수 있다. '법대로 하자!'며 법을 운운하지만, 생각이 잘못된 정신은 그 법을 사람 죽이는 일에만 사용하는 괴물의 것이 되고 만다. 세상에는 이런 식으로 괴물이 된 사람들이 너무도 많다. 일상이라는 시간과 공간을 채우고 있는 정신은 한결같이 이런 사람들이 차고도 넘친다.

그래서 우리는 지금 괜찮은 어른이 되는 길을 모색하고 있다. 사람을 죽이는 괴물에서 벗어나 사람을 위해 살아주는 그런 위인을 기대하고 있는 것이다. 그것을 초인으로 말하는 것은 그저 비유로 받아들이면 될 일이다. 신이 된 예수도 이렇게 말했다. "비유를 배우라."(마태복음 24:32) 이것이 하나님의 말이고 하나님의 뜻임을 인정하고 들으면 비유의 위대함이 인식될 것이다.

선과 악도 비유에 불과하다. 시간과 공간을 달리하면 선과 악은 전혀 다른 내용으로 채워질 수밖에 없다. 하나의 선과 하나의 악은 존재할 수 있어도 그것 하나만으로 평생을 살아갈 수는 없다. 때로는 완전히 다른 선과 악을 생각해낼 수도 있어야 한다. 모든 선구자들은 그런 창조의 길에서 앞장을 서준 자들이며, 모든 창조자들은 없던 선과 악을 만들어내는 일에 최선을 다해준 인물들이다.

늙어도 젊음은 유지할 수 있다

'예전에는 그랬다'는 말에서 인식을 구해야 한다. 요즘 말로 하면, '라떼는 말이야!' 하며 입을 여는 꼰대의 이미지를 떠올려도 좋다. 이런 말이 신세대를 향한 불편한 감정을 드러내는 소위 늙은 정신이다. 자기 때는 좋았지만 지금의 때는 싫다는 생각이 이런 말로 구축되고 있는 것이다. 입만 열면 '아! 옛날이여!' 하며 찬송가를 불러대는 정신이다. 과거에 얽매인 전형적인 늙은이의 정신이다.

늙은이가 되면 안 된다. 늙어도 젊음은 유지할 수 있다. 그것을 우리는 지금 니체의 글을 통해 배워보고자 하는 것이다. 사람은 늙어갈 것이지만, 그런 과정에서도 사람은 청춘을 유지할 수 있다. 성형수술로 외모만 가꿀 일이 아니라, 정신의 세계에서 살아가야 할 정신의 얼굴도 신경을 써야 할 때가 된 것이다.

인생에는 정답이 없다. 동시에 인생에는 정답이 있다. '없다'와 '있다'가 공존한다. 없을 때도 있고, 있을 때도 있다. 빼기의 원리가 적합할 때도 있고, 더하기의 원리가 적합할 때도 있다. 현상은 시간과 공간의 원리로만 형성되어 있다. 하지만 시간과 공간이 엮이면서 연출해내는 세상의 모습은 무궁무진하다. 하물며 개인의 삶에서조차 하나의 세계 속에 있는 것이 아니다.

알려진 것이 없다. 동시에 알려진 것이 있다. 여기서도 '없다'와 '있다'가 공존한다. 무엇을 알고 있는가? 그 모든 앎의 내용과 형식은 완전히 다른 형식 속에서 전혀 다른 의미로 모습을 드러낼 수도 있는 것이다. 사람은 완전히 다른 사람이 될 수도 있다. 그 가능성을 막는 것이 좋을 때도 있지만, 그 가능성을 열어두는 것이 더 좋을 때도 있다. 마음의 문을 닫아두는 것이 좋을 때도 있지만, 그 문을 열어둘 때 더 큰 이익을 얻을 때도 있는 것이다.

생각하는 존재에게 망상이 없을 수는 없다. 끊임없이 망상을 극복하며 나아가는 수밖에 없다. 사람에게 질투는 없을 수가 없다. 못난 사람에게 잘난 사람은 눈엣가시 같은 존재라는 사실은 인정해야 할 일이다. 하지만 그런 수준에 머무는 정신만큼이나 하찮은 존재는 없다. 사람은 거듭나야 멋진 사람이 될 수 있다. 그런 사람만이 괜찮은 어른이라 칭송받는 것이다.

비극을 떠안으며
대지로 돌아가는 삶에의 의지

삶 자체에 대한 긍정이 삶의 가장 낯설고 가장 가혹한 문제들 안에도 놓여 있는 것이다. 자신의 최고 유형의 희생을 통해 제 고유의 무한성에 환희를 느끼는 삶에의 의지 — 이것을 나는 디오니소스적이라고 불렀으며, 비극 시인의 심리에 이르는 다리로 파악했다. 『비극의 탄생』은 모든 가치에 대한 나의 첫 번째 전도였다. 그것에 의해 나는 내 의지와 내 능력이 자라나는 그 지반으로 다시 돌아간다. — 철학자 디오니소스의 최후의 제자인 나는 — 영원회귀를 가르치는 나는…. (우상)

앞에서도 언급했다시피, 어린아이의 정신에 대해서는 『차라투스트라는 이렇게 말했다』 외에는 거의 발견되지 않는다. 그만큼 신비로운 정신이 아닐 수 없다. 도대체 사람이 어린아이가 된다는 그 이념에 대해서 우리는 어떻게 이해하고 또 받아들여야 하는 것일까?

시간은 되돌릴 수 없다. 그 말은 사람이 어린아이가 된다는 것은 말도 안 된다는 얘기이다. 하지만 말도 안 되는 그런 일이 문학이나 철학이나 신학에서도 가능하다는 것이 문제이다.

"진실로 너희에게 이르노니 너희가 돌이켜 어린아이들과 같이 되지 아니하면 결단코 천국에 들어가지 못하리라."(마태복음 18:3) 이 말도 신이 된 예수가 남긴 말이다. 삼위일체를 인정한다면, 이 말은 곧 신이 한 말이 된다. 신의 말이다. 신성한 말이 되는 것이다. 이런 말에서 우리는 신의 신성을 깨달아야 한다.

어린아이의 시선으로 세상을 보자

'너희가 돌이켜 어린아이들과 같이' 되는 것은 과연 무엇일까? 천국에 들어가고 싶으면 어린아이 같은 사람이 되어야 한다는 얘기이다. 니체도 그런 시선으로 세상을 바라보고 있다. 어린아이의 눈에는 모든 것이 새롭기만 하다. 어느 하나 내칠 것이 없다. 어린아이의 눈에는 모든 것이 알아가야 할 대상이 될 뿐이다. 미리 정해 둔 선과 악 같은 것은 존재하지 않는다. 어린아이는 스스로 체험하며 그것을 알아갈 뿐이다.

'삶 자체에 대한 긍정', 그것이 바로 어린아이의 것이다. '삶의 가장 낯설고 가장 가혹한 문제들'을 어린아이는 끌어안고 살아가야 하는 것이다. 어린아이는 어머니의 자궁에서부터 벗어나며 세상에 태어났다. 탄생은 이런 식으로 실현되는 것이다. 모든 탄생은 이별을 전제한다는 얘기이다. 모든 이별은 상처와 고통을 안겨주지만 그런 고통 없이는 세상에 태어날 수 없다는 것도 인식의 대상이 되는 것이다.

어린아이는 지속적으로 정 떼기에 돌입해야 한다. 버려짐이라는 고통 속에서 자신의 삶을 유지시키는 힘을 길러야 하는 것이다. '가장 낯설고 가장 가혹한 문제들'은 삶을 지속해서 나락으로 끌고 갈 것이다. 그런 나락에서도 날개를 펼쳐 비상해야 하는 것이 이성을 갖고 살아야 하는 존재의 의무이다. 생각에도 날개가 있다. 그것을 깨달을 때까지 우리는 니체의 말들을 붙들고 묵상해야 한다.

"자신의 최고 유형의 희생을 통해 제 고유의 무한성에 환희를 느끼는 삶에의 의지 — 이것을 나는 디오니소스적이라고 불렀으며, 비극 시인의 심리에 이르는 다리로 파악했다." 신이 된 자기가 자신을 죽이는 희생을 통해 스스로 거듭난다는 이야기를 이렇게 말한 것이다. '자신의 최고 유형'이 인식되면 그것을 희생시켜야 할 때가 된 것이다. 자신이 쌓아올린 탑의 높이가 보이면, 그것을 뛰어넘을 때가 다가온 것이다.

끝까지 가야 신을 만날 것이다. 그 끝이 끝이 아니라고 생각되면, 그 끝이라고 생각했던 곳을 뛰어넘어야 한다. 끝이 끝이 아니라면 넘어가야 하는 것이 상책이다. 그 끝 앞에서 오열하는 일은 없어야 한다. 끝이 아닌 곳에서 끝이라고 생각하며 한탄하는 미련한 짓은 하지 말아야 한다. 언제나 끝이 아니라고 생각되면 미련 없이 떠나야 한다. 양심의 가책은 받을 필요도 없다. 정 떼기는 그때 발휘되어야 하는 하나의 기술인 것이다.

모든 것을 새롭게 받아들인다

'최고의 유형'을 희생하고 나면 또 다른 세상에서 '고유의 무한성에 환희를 느끼는 삶에의 의지'가 탄생한다. 희생해야 할 때는 안타까움에 통곡을 금치 못하겠지만, 그 과정을 지나가고 나면 새로운 환희가 자기 안을 채울 것이다. 그때는 새로운 한계가 무한성의 의미로 주어질 것이다. 끝도 없이 펼쳐진 세상이 무한한 공기를 제공해줄 것이다. 그때는 모든 호흡이 신성한 공기를 흡입하게 해줄 것이다.

니체는 이런 신성한 공기 속에서 디오니소스의 현상을 인식했다. 술의 신이 연출해내는 무아지경이 있다. 모든 것을 잊게 하면서도 기억하게 하는 그 신비로운 기술을 디오니소스에게서 배운 것이다. 잊음과 기억의 현장에서 축제를 벌이는 것이 디오니소스 축제의 이념인 것이다. 우리는 과연 무엇을 잊고, 또 동시에 무엇을 기억해야 하는 것일까? 그것은 그때그때 다를 뿐이다.

"『비극의 탄생』은 모든 가치에 대한 나의 첫 번째 전도였다." 가치는 전도될 수 있다. 가치는 뒤집어질 수 있다. 가치는 바뀔 수 있다. 가장 좋은 것이 가장 나쁜 것이 될 수 있고, 가장 나쁜 것이 가장 좋은 것으로 뒤바뀔 수 있다. 그런 가능성을 감당할 수 있다면 우리는 못할 게 없는 초인이 되는 것이다. 선과 악을 다 품을 수 있을 때 선악의 저편이 실현되는 것이다. 기독교의 배타적 이분법으로는 도저히 납득할 수 없는 세상이다.

"나는 내 의지와 내 능력이 자라나는 그 지반으로 다시 돌아간다."

이것은 반복이다. 떠날 때는 미련 없이 떠나야 하고, 오를 때는 어둠을 뚫고 올라가야 하며, 돌아와야 할 때는 상대가 누구여도 상관하지 않을 정도로 용기를 내야 한다. '비극을 탄생'시킨 정신이라면 삶을 위한 가치가 무엇인지 깨달았을 것이다. 비극을 품고서 그것의 탄생까지 견뎌낸 정신이라면 '한없는 웃음의 파도'(즐거운) 앞에서 그 웃음에 동참할 수 있는 힘을 지녔을 것이다.

존재의 바퀴는 돌고 또 돌아갈 뿐이다. 하루는 떠나가고 또 하루가 다가온다. 니체는 그것을 '영원회귀'라는 이념으로 설명하고 있을 뿐이다.

어린아이의 동심은 모든 것을 떠안는 힘을 지녔다. 모든 것을 스펀지처럼 빨아들인다. 모든 것을 새롭게 받아들인다. 그런 아이가 성장하면 자기만의 세상을 만들어낸다. 그런 세상을 향해 늙은 사람들은 불편해할 것이고, 그러다가 자신도 늙어서 새로운 세대의 등장을 바라봐야 하는 늙은 사람이 될 것이다.

굴을 뚫으며
천국으로 향하는 트로포니오스

확실하다. 그는 되돌아올 것이다. 그 아래에서 그가 무엇을 원하는지 묻지 말라. 트로포니오스 같은 이 땅 속의 인간이 다시 '사람이 되었을' 때, 그는 스스로 그것을 너희들에게 말하게 될 것이다. 그와 같이 그토록 오랫동안 두더지처럼 또 혼자서 지내보았다면, 사람들은 침묵하는 것을 완전히 잊게 된다. (아침)

트로포니오스 이야기는 『아침놀』을 시작하는 서문 속에 등장한다. 니체가 이 신을 끌어들인 이유는 과연 무엇일까? 신화에서는 트로포니오스가 굴을 뚫으며 천국으로 가는 길을 만드는 인물로 묘사되고 있다. '굴을 뚫으며 천국으로 간다'는 이 수수께끼 같은 말을 붙들고 한참을 머물러 있어야 한다.

굴을 뚫으며 천국으로 향한다? 이 말은 사실 모순이다. 굴은 땅속에서 길을 내는 것을 의미하고, 그런 길을 다 뚫고 나면 결국에는 대지 위에 도달할 것이다. 그렇다면 대지 위가 천국이 되는 셈이다. 천국은 하늘 위에 있어야 하는데, 이 땅 위가 천국이라는 모순적인 논리가 형성되는 것이다. 니체에겐 바로 이 모순이 매력적으로 보였던 것 같다.

사람이 되는 일

니체는 트로포니오스와 함께 하나의 공식을 탄생시킨다. 천국이라고 말하면서 그 하늘을 지상으로, 즉 대지 위로 생각하는 것이, 또 그런 이야기로 모든 가치들의 가치 전도라는 것이 탄생한 것이다. 가치는 가치관의 문제이고, 바라보는 시각이 바뀌면 얼마든지 그 가치가 바뀔 수 있는 것이다. 이런 니체의 관념이 세상을 바꿀 수 있는 계기로 작동했다.

하늘을 향했던 이념은 중세의 것이었다. 중세 천 년 동안 오로지 하늘을 향한 하나의 이념이 세상을 지배했다. 즉 신이라고 말하면서 특정 형식에 갇혀 있는 신만을 인간이 생각하게 만들어놓은 것이다. 그런 생각으로 그것이 옳다는 양심까지 만들어놓은 지경이다. 이제 그곳에서 벗어날 때가 되었다. 신을 독점한 독단에서 벗어날 때가 된 것이다.

"확실하다. 그는 되돌아올 것이다." 이 주장에도 특별한 공식이 있다. 그 주장이 성립할 수 있는 공식을 깨달았느냐가 관건이다. 그는 돌아올 것이다. 이 말은 그가 떠났었다는 사실을 전제한다. 전제를 깨달아야 그다음이 성립하는 것이다. 그는 떠나갔다. 이 말이 전제되어야 그가 되돌아온다는 말이 성립할 수 있는 것이다. 떠난 사람만이 돌아올 수 있기 때문이다.

트로포니오스가 가는 길은 결국에는 돌아오는 길이 될 것이다. 그가 멀리 떠나면 떠날수록 돌아오는 길에 가까이 다가설 것이다. 그가 가는 길은 돌아오는 길이다. 실로 놀라운 사실이다. 트로포니오스는 최선을 다해 굴을 파지만, 그 굴은 결국 천국으로 인도할 것이고, 그런 현상을 두고 니체는 '그는 돌아올 것'이라고 말하는 것이다.

굴은 땅속에 있고, 그 굴이 당도하는 곳은 천국이지만, 그 천국은 결국 대지 위라는 곳으로 이어진다. 오르면 오를수록 대지 위로 가까이 다가서는 것이다. 그 오름의 정상은 대지 위가 될 뿐이다. 마침내 대지 위에 도달했다는 것은 천국에 도달한 셈이 된다. 어둠은 사라지고 빛으로 충만한 세상이 펼쳐지는 것이다. 더 이상 굴을 팔 이유도 사라진 세상이다.

"트로포니오스 같은 이 땅 속의 인간이 다시 '사람이 되었을' 때, 그는 스스로 그것을 너희들에게 말하게 될 것이다." 무엇을 말하게 될 것이라는 얘긴가? '사람이 되는 일'이다. 오로지 사람이 되었을 때, 그때를 위해 트로포니오스는 굴을 팠던 것이다. 우리말에도 '먼저 사람이 돼라!' 혹은 '먼저 인간이 돼라!'라는 말이 있다. 이런 말이 니체의 것이다.

침묵으로 견디며 참아내다

그렇다면 사람이 되기 전의 현상은 무엇인가? 그것은 땅 속에서 굴을 파고 있는 두더지 같은 존재이다. 니체는 『아침놀』을 위한 서문을 쓰면서 자신을 두더지와 같은 사람으로 표현했다. 결국 '굴을 뚫고, 흙을 파내며, 아래로 파고들어 가는 사람'(아침)은 자기 자신을 일컫는 말이지만, 정작 그렇게 말한 자신은 아직 사람도 되지 못한 상태임을 고백한 것이다.

트로포니오스가 굴을 다 뚫고 지상에 도달할 때 마침내 사람이 된다는 이야기나, 니체가 '땅속에서 일을 하고 있는 한 사람'으로 자기 자신을 지칭하는 고백이나, 이제 다 이해할 수 있는 내용이다. 니체가 『이 사람을 보라』에서 "어쩌면 내가 살아 있다는 것조차 하나의 편견에 지나지 않는 것은 아닐까?"(이 사람) 하고 스스로 의문을 제기한 사실도 충분히 이해할 수 있는 내용이 되는 것이다.

"그와 같이 그토록 오랫동안 두더지처럼 또 혼자서 지내보았다면, 사람들은 침묵하는 것을 완전히 잊게 된다." 이 주장은 『인간적인 너무나 인간적인』을 시작하는 문구와 비교해서 이해할 수도 있겠다. "우리는 침묵해서는 안 될 경우에만 말해야 한다. 그리고 극복해낸 것에 대해서만 말해야 한다."(인간) 니체가 말을 해야 할 때는 이미 긴 침묵의 시간을 전제하고 있다. 그가 한 말은 그러니까 침묵이 키운 말이 되는 셈이다.

어둠 속에서, 길도 보이지 않는 곳에서, 한 치 앞도 내다볼 수 없는 지경에서, 한순간도 편히 쉴 수 없는 곳에서, 니체는 침묵으로 견뎠다. 모든 것을 참고 견뎌냈던 것이다. 그리고 정상에 올랐다. 그 정상은 대지의 뜻으로 이어진다. "초인은 대지의 뜻이다."(차라) "형제들이여, 너희의 정신과 덕으로 하여금 이 대지의 뜻에 이바지하도록 하라."(차라) 이것이 우리를 향해 외쳐댄 니체의 명령이자 소원이다.

백발이 되었지만
결코 흉한 노인이 되지 않다

차라투스트라의 영혼 위로 또다시 달이 가고 해가 갔다. 그러나 그는 가는
세월에 아랑곳하지 않았다. 어느새 그의 머리도 백발이 되었다. (차례)

내가 유학했던 곳은 독일 바이에른주의 바이로이트라는 인구 7만 정
도의 작은 도시이다. 내가 살던 기숙사는 약간 언덕진 곳에 있었다.
그래서 학교 갈 때는 늘 하산하는 기분으로 방을 나섰다. 하루하루가
전쟁이었다. 죽지 않으려고 최선을 다했다. 게다가 박사학위 논문 주
제가 '나르시시즘'이었다. 죽음으로 마감하는 삶을 연구해야 했다. 나
르시스의 삶을 문학과 철학을 아우르는 이념으로 설명해내는 것이
나의 숙제였다.

 7년 6개월, 이것은 내가 바이로이트라는 도시에서 보낸 시간이다.
그때를 생각하면 한 편의 긴 영화를 보는 듯하다. '바이로이트에서의
나의 인생'이라는 제목으로 일기를 쓰기도 하고, 그 제목으로 앨범을
만들어놓기도 했다. 요즈음은 한 잡지에 매주 월요일마다 한 편의 칼

럼을 발표하고 있다. 나의 이야기를 담을 수 있어서 참으로 좋은 기
회라고 생각한다.

자기 의지대로 살지 못하는 이들

시간은 참으로 빨리 흘러간다. 나의 시력도 거의 한계에 이른 것
같다. 오늘 아침에는 나의 박사학위 논문을 읽으려 했지만, 글씨가
너무 작아서 도저히 읽을 수가 없었다. 안타까웠다. 그게 시간의 힘
이다. 그게 세월의 힘이다. 현상은 시간과 공간의 원리에 지배를 받
는다. 맞는 말이다.

하지만 인간의 인생에는 본질적인 면도 있다. 늙어도 늙지 않으
며, 늙어도 순수한 사람이 있다. 늙어도 아이처럼 해맑은 사람이 있
다. 늙어도 늙은 모습을 찾을 수 없는 사람이 있다. 하루하루 노력하
며 살아간 사람의 얼굴은 남다를 것이다. 항상 웃으며 인생이라는 시
간을 보낸 자가 풍기는 향기는 코를 자극하고 영혼을 유혹할 것이다.
그의 주변에는 심연이 뿜어내는 윤슬로 빛날 것이 틀림없다. 이 모든
이야기는 본질적인 것들이다.

알바트로스처럼 바람을 탈 줄 아는 자가 비상을 하면 날면서도 쉴
수 있는 것처럼, 또 그렇게 쉬면서 비상한 새의 모습은 목적지에 당
도해 내려앉고서도 기진맥진한 모습은 전혀 보이지 않는 것처럼, 삶

을 살면서도 하루하루를 축제의 시간으로 보낸 자의 모습은 진정한 삶이 무엇인지 환한 빛의 현상으로 보여줄 것이다.

반면에 먼 곳을 보지 못하고 눈앞의 것을 쫓아간 그런 사람의 눈은 껌뻑이는 것조차 힘에 부칠 것이다. 그런 사람은 삼킬 침조차 입에 담지 못할 것이다. 메마른 입을 다시며 흐릿한 눈빛으로만 아쉬운 인사를 나눈 후 안타깝게 저세상으로 떠나고 말 것이다. 이것이 대부분의 사람들이 겪는 인생이라는 여정이다.

삶도 삶 나름이다. 단 한 번뿐인 인생이어서 매 순간 최선을 다해도 모자랄 판에, 자기 의지대로 살아보지 못하고 죽어가는 사람의 인생은 정말 안타깝기 짝이 없다. 정신을 차리지 못하고 허덕일 때는 언제나 니체에게 도움을 청해야 한다. 세상살이에 치여서 상실감이 밀물처럼 밀려올 때도, 니체는 분명 은밀하게 도움의 손길을 내밀어 줄 것이다. 그의 그 소중한 손길을 알아보는 것도 문제이고, 그 손을 제대로 잡는 것도 문제이다.

"나는 급류 가장자리에 놓여 있는 난간이다. 누구든 잡을 수만 있다면 나를 잡아도 좋다! 그러나 나 너희를 위한 지팡이는 아니다."(차라) 차라투스트라는 그대들의 힘든 걸음걸이를 도와주는 지팡이가 아니라, 급류 가장자리에 놓여 있는 난간이다! 이 말의 의미는 급류에 휩쓸려가는 정신에만 도움을 주는 그런 존재라는 얘기이다. 급류에 휩쓸려보라! 스스로 죽음으로 내몰 줄 아는 정신만이 니체가 내미는 손을 인식하고 잡을 수 있게 될 것이다.

스스로 죽음으로 내몰 줄 아는 정신

나르시스는 물에 빠져 죽었다. 스스로 물에 뛰어들었다. 그런 삶은 희생이 될 뿐이다. 나르시스가 죽어서 수선화로 피어났다는 변신의 이야기로는 위로가 되지 않는다. 사람은 살아 있어야 사람인 것이다. 죽은 사람은 사람이라 불리지 않는다. 귀신이니 영혼이니 혼령이니 하는 말로 불릴 뿐이다. 사람은 죽을 때까지 죽지 말아야 한다. 사람은 죽을 때까지 살아 있어야 한다.

고생도 고생 나름이다. 왜 자신의 삶이 고달픈지도 모르면서 삶에 치여 사는 사람은 그 삶의 마지막에 이르러서도 명쾌한 답을 얻지 못해 허망함만을 눈 속에 가득 채울 것이다. 하지만 스스로 숙제를 제시하고 그것을 해결하기 위해 노력하며 평생이란 시간을 사용한 사람은 노력한 대가를 가슴 깊은 곳에 간직한 채 허공을 바라보면서도 환한 웃음을 띨 것이다. 그런 사람은 웃음 바이러스가 되어서 또 다른 형식으로 치명적인 힘과 매력을 발휘할 것이 틀림없다.

존재자의 존재가 모습을 드러내는 순간에 벌어지는 축제의 현장에는 온 세상이 함께한다. 오르페우스의 노래가 삼라만상을 슬픔에 잠기게 했지만 그 삼라만상이 그런 슬픈 노래를 기억해주는 것처럼, 끝까지 포기하지 않고 최선을 다한 사람은 침묵으로 키운 말로 쓴소리를 꺼내놓았지만 세상 사람들은 그런 말을 듣고서 감동에 휩싸일 뿐이다.

현상의 주인이 된 자에게 벗이 될 수 없는 것은 없다. 현상의 빛을 친구로 둔 자에게 어둠은 일탈 정도로만 인식될 뿐이다. 밤의 어둠도 현상으로 인식되는 자에게는 어둠조차 친구로 삼을 수 있다. 그런 자에게는 '밤이 되어야 별이 보인다'라는 말도 깨달음의 형식으로 받아들일 것이다.

현상의 현란함에 눈이 먼 사람이 아니라면, 그 현란함을 오색영롱한 빛으로 인식할 것이다. 아름다운 빛들의 축제를 바라보며 무한한 행복감에 젖을 것이다. 스스로 빛의 존재가 된 자는 모든 것을 빛 속에 두게 한다. 하염없이 추락하는 물방울이어도 그 존재가 무지개를 만드는 일에 종사한다는 것을 자랑스럽게 여길 것이다.

차라투스트라는 이제 백발이 되었지만, 결코 흉한 노인이 된 것은 아니다. 죽음 앞에 선 사람이지만 죽음을 두려워하지 않는다. 괜찮은 어른의 모습을 보여줄 뿐이다. 그는 흘러가는 세월에 휘둘리지 않는다. 시간 속에서 늙음을 탓하지도 않는다. 그는 '가는 세월'에 큰 의미를 두지도 않는다. 그는 그저 매 순간 최선을 다할 뿐이다. 그의 '영혼 위로 또다시 달이 가고 해가 가는 것'만 인식될 뿐이다.

차라투스트라의 동굴이라는
진정한 쉼터

이 저녁 휴식을 취하고 잠을 잘 곳이 있었으면 하는가? 그렇다면 저기 내 동굴로 올라가라! (차라)

'차라투스트라의 동굴'은 늘 신비롭다. 항상 수수께끼 같은 이야기가 차라투스트라의 동굴이다. 언제나 차라투스트라의 동굴은 나의 영원한 숙제로 주어질 뿐이다. 언젠가는 '차라투스트라의 동굴'이라는 제목으로 책을 한 권 남겨놓고 싶다. 그 후속편으로 '춤추는 별'도 남겨놓고 싶다. 일단 이렇게 말을 꺼내 놓아야 앞만 바라보며 나아갈 것 같아서 말부터 꺼내놓는다. 말들이 나의 인생을 이끌 수 있도록 나의 말馬을 먼저 만들어놓는 것이다.

대학생 때부터 좋아했던 철학자들 중에 하이데거도 있다. 그의 명언 "언어는 존재의 집이다"는 아직도 나의 영혼을 밝히는 별빛으로 존재하고 있다. 언어는 내가 사는 집을 지어줄 것이다. 내가 사는 곳의 현상은 내가 하는 말에 의해 결정된다. 나는 과연 무슨 말을 하고 사는가? 이런 인식이 주어지면 지금 내가 하는 말이 얼마나 중요한지를 비로소 깨닫게 된다.

본질을 바라볼 수 있는 시선

말로 집을 지을 수 있는 사람은 말을 하면서도 쉴 수 있을 것이다. 자신이 하는 말이 결국에는 쉴 수 있는 집을 지어줄 것이기 때문이다. 온갖 바람을 맞고서도 바람에 휘둘리지 않고 버틸 수 있는 것도 결국에는 말이다. 그래서 니체는 각운이 될 만한 훌륭한 문구들을 백 개 정도 외워둘 것을 요구했던 것이다. 그렇게 외워둔 문장이 백 개 정도에 도달한 정신이라면 삶에서 어떤 풍파가 닥쳐도 살아남을 것이라고 장담했던 것이다.

저녁은 비유이다. 니체는 끊임없이 하루의 시간을 가지고 이야기를 펼쳐나간다. 새벽, 아침, 오전, 정오, 오후, 저녁, 밤, 한밤중, 그리고 또 다시 새벽, 이런 개념들이 니체의 글을 형성하는 징검다리를 형성해준다. 단 하루에 불과하지만, 그 하루가 인생을 대변한다. 저녁에 이른 정신은 백발에 도달한 사람의 것이다. 저녁이 되면 피곤하다. 이제 대지 위에 누워야 할 시간이다.

쓰러지는 것이 아니라 눕는 것이다. 우는 것이 아니라 웃는 것이다. 비틀대는 것이 아니라 춤추는 것이다. 눈을 감는 것이 아니라 눈을 뜨는 것이다. 허무의 늪에 빠져 허무해진 것이 아니라 허무로 출구를 찾는 허무주의인 것이다. 신을 죽인 것이 아니라 신을 살린다. 이런 모습을 인식하려면 현상에 휘둘리지 않고 본질을 바라볼 수 있는 시선이 요구된다.

우리는 모두 결국에는 죽어야 한다

하나에 얽매인 정신은 쉴 수가 없다. 그 하나 때문에 먼 곳을 바라볼 수가 없어서 그런 것이다. 한계를 곁에 둔 정신은 옴짝달싹하지 못한다. 그 한계가 감옥의 벽을 연출해낼 것이기 때문이다. 그런 식으로 '하나님이 곁에 있다'는 말인 임마누엘을 생각하면 자유가 허락되지 않는다. 반대로 한계를 수평선이나 지평선처럼 멀리 둔 정신만이 신선한 바람을 들이마시며 정신의 회복을 만끽할 수 있다.

사람은 누구나 저녁을 맞이해야 한다. 사람은 누구나 생로병사의 경로를 지나가야 한다. 사람은 누구나 마지막에는 죽음이라는 관문을 넘어서야 한다. 아무리 울고불고 난리법석을 떨어도 결국에는 죽어야 한다. 그것이 사람의 목숨이다. 그것이 사람의 한계이다. 그것이 지천명이라 불린다. '쉴 수 있는 곳이 차라투스트라의 동굴'이라는 말에는 이런 인식이 담겨 있다. 쉬고 싶으면 차라투스트라의 동굴로 돌아가라! 그곳에서 진정한 쉼터가 마련될 것이다.

신을 죽인 자가
나서는 길

신을 죽인 자가 아닌가! 길이나 비켜 달라. (차라)

어린아이의 정신은 신을 죽인 자의 것이다. 신을 죽인 어린아이는 신의 형상을 새롭게 찾아간다. 모든 것을 불에 태운 정신이 모든 것을 상실한 상태를 알게 해주고, 그런 허무주의에 빠진 정신은 바로 어린아이의 것이 되지만, 그런 어린아이는 거기서 비탄과 한탄으로 시간을 보내는 것이 아니라 용기를 내서 새로운 길을 찾아 떠난다.

『차라투스트라는 이렇게 말했다』는 전부 자기 독백으로 읽어도 무방하다고 했다. 아무리 많은 인물을 만난다 해도 그 모든 인물은 자기 안의 또 다른 자아가 될 뿐이다. 늙은이의 늙은 정신은 신을 찬양하는 노래로 하루를 보내는 정신이다. 하지만 새로운 정신으로 태어난 어린아이의 정신은 신은 죽었다는 소식을 접하고 새로운 신을 찾아 인간에게로 다가선다. 정신이 늙어버린 늙은이도 나고, 새로운 신을 찾아가는 어린아이도 나다.

신을 죽인 자는 지나가야 한다

늘 이런 식으로 돌고 도는 현상을 설명하기 위해 니체는 '영원회귀'라는 개념을 끌어들였다. 선악의 저편에서는 사랑의 이념 속에서 모든 것이 돌고 돌 뿐이다. 사랑 속에서는 선이 악이 되기도 하고, 악이 선이 되기도 한다. 오늘은 선이 승리를 하고, 내일은 악이 승리를 거둔다. 이런 가능성이 열려 있는 곳이 바로 선악의 저편이다. 선과 악을 딛고 선 자만이 선과 악을 무대로 해 춤을 출 수 있는 것이다.

차라투스트라는 '더없이 추악한 자'와 대화를 나눈다. 그 '더없이 추악한 자'가 '신을 죽인 자'이다. '신을 죽인 자'를 두고 차라투스트라도 '더없이 추악한 자'라고 말하고 있다는 사실을 깨달아야 한다. 니체도 너무나 잘 알고 있다. 신을 죽인 정신은 더없이 추악한 정신이라는 사실을. 이보다 더 추악한 정신은 존재하지 않는다는 사실을.

신을 죽인 자는 지나가야 한다. 그를 막는 길 앞에서 그것이 한계라고 말하는 실수가 없어야 한다. 신을 죽인 자 앞에서 쓰러지는 자는 스스로 한계를 인정하는 꼴이 되고 만다. 그렇게 살해당한 신을 붙들고 오열하는 실수는 없어야 한다. 자기가 죽인 신은 과거의 것이 되어야 한다. 그리고 그런 신을 죽인 자기는 더없이 추악한 존재임을 깨닫고 거기서 벗어날 줄도 알아야 한다.

니체는 끊임없이 이런 이야기를 들려주었다. 그런데도 우리는 하염없이 기독교의 교리가 들려주는 틀 안에서 북소리만 듣다가 귀가 멀고 말았다. 니체가 하는 말은 귓등으로도 들으려 하지 않고, 오로지 기독교가 전하는 신의 신성에 갇혀 옴짝달싹하지 못하는 것이다. 교리에 갇힌 정신에는 니체의 철학이 미친 자의 철학이 맞다. 기준을 다른 곳에 두고 나면 니체와 그의 철학은 그저 보이지 않는 존재가 되고, 이해가 되지 않는 이야기가 되고 만다.

나는 지금 어떤 사람인가

정신도 정신 나름이다. 세르반테스는 돈키호테를 미친 사람으로 살게 했지만 세상은 그를 미친 사람으로 평가하지 않았다. 이처럼 니체는 차라투스트라를 정상과 비정상을 넘나들게 했지만 세상은 그를 인류 역사상 최고의 철학자로 인정하고 있다. 차라투스트라의 말들을 마음속에 간직하고 보낸 시간만큼 인식의 바다는 넓고 깊을 것이며, 견딤의 시간이 길수록 경험하게 될 세계도 커질 것이다.

"보라, 나는 너희에게 초인을 가르치노라. 초인이야말로 너희의 크나큰 경멸이 가라앉아 사라질 수 있는 그런 바다다."(차라) 온갖 앙갚음을 떠안을 수 있는 정신, 온갖 복수심도 품을 수 있는 정신, 그런 것이 초인의 정신이다. 경멸로 가득 찬 미운 감정도 나의 것이다. 신을 죽인 가장 추악한 정신도 나의 것이다. 그런 정신을 다시 찾아가는 것이 초인의 것이다. 신을 죽여야 할 때는 죽이고, 신을 찾아가야 할 때는 찾아갈 뿐이다.

'길이나 비켜 달라'고 말하는 정신도 나의 것이고, 자신이 걸어가야 할 길을 피해 줘야 할 정신도 나의 것이다. 나는 나를 위해 길을 걸어야 할 때도 있고, 그런 나를 위해 길을 피해줘야 할 때도 있는 것이다.

나는 지금 어떤 사람인가? 낙타의 정신인가, 사자의 정신인가, 아니면 모든 것을 새롭게 다시 배워야 하는 어린아이인가? 대답은 오직 자신의 몫이다.

Nietzsche

9장

영원과 순간:
순간은 과거와 미래를 모두 품는다

거울과
어린아이의 관계

'오 차라투스트라여, 거울에 비친 그대의 모습을 보시라.' 그 아이는 내게 그렇게 말했지. / 거울 속을 들여다본 나는 소스라치게 놀라 소리를 치고 말았지. 나의 마음은 온통 뒤흔들렸고. 거울 속에서 내 모습이 아니라 악마의 험상궂은 얼굴과 비웃음을 보았던 것이다. (차라)

내가 스승과 함께 나눈 대화 중에 대부분이 거울에 대한 것이었다. 태초에서부터 시작하는 것이 거울이라는 사실도 그때 알게 되었다. '깊음 위에 흑암'이, 그리고 '수면 위에 하나님의 영'이 '운행하고 있었다! 처음 들었을 때는 무슨 말인지 전혀 알지 못했다.

나르시스도 수면과 대치했다. 수면이 거울이었고, 거기서 자신의 얼굴을 발견하지만 그 순간 이미 운명이 개입하고 만다. 그에게는 어쩔 수 없이 자기를 사랑해야 하고, 또 그럼으로써 죽어야 한다는 신탁이 내려져 있었기 때문이다. 죽음은 누구에게나 주어진 한계이고, 필연이며, 운명이다. 단지 어떻게 살다가 죽느냐 하는 것이 문제일 뿐이다.

지금 가는 이 길에 대해 두려워하지 않기

나르시스는 거울 속의 영상을 사랑해 저세상에 가서 함께 산다는 생각으로 물속에 뛰어들어 자살했다. 나는 이런 이야기에서 학문으로 인정받을 수 있는 논리와 이론 그리고 이념까지 도출해내야 했다. 나는 기숙사 방 안에 있던 세면대에 물을 받아놓고 물에 빠져 익사하는 장면을 재현해보았다. 물속에 얼굴을 처박기 전에 일종의 사랑 행위에 빠져야 했다.

'사랑한다!'라고 말하고서 거울 속 영상을 들여다보았다. 그리고 정말 사랑에 빠져야 했다. 말로만 사랑한다는 것은 위선이다. 나르시스는 그렇게 위선으로 사랑을 하지 않았다. 사랑한다는 확신이 섰을 때, 저세상이 절박해졌을 때 물에 얼굴을 처박았다. 그리고 얼마나 시간이 흘러갔을까? 숨을 참다가 어느 순간이 되어서는 머리가 환해지는 느낌을 받았다.

연극이 끝날 때처럼 나는 다시 현실로 돌아왔다. 살아야 한다는 생각을 한 것이다. 얼굴을 물 밖으로 꺼내 들고 나서 크게 숨을 들이켰다. 그러고는 힘이 빠져 바닥에 쓰러지고 말았다. 뒤통수가 바닥에 닿았다가 공처럼 튀어 오르는 것을 감지했다. 하지만 정신은 깨끗했다. 맑은 거울을 바라보는 듯도 했다.

사람은 살아야 사람이다. 사람이 죽으면 사람이라 불리지 않는다. 이때부터 '삶은 사는 것이 문제이지, 죽는 것이 문제가 될 수는 없다'

라는 생각이 나의 철학적 이념으로 자리를 잡았다. 삶은 단 하루만 사는 것으로 그치지 않는다는 것이 문제이다. 단 한 번의 호흡으로 평생을 살 수도 없다. 생각도 단 하나의 생각으로 만족할 수 없다는 것이 문제의 핵심이다. 생각은 쌓이고 쌓이기 시작했다. 하나의 생각은 다른 생각들을 만나면서 엮이기 시작했다.

유학을 다녀와서 처음 내놓은 나의 첫 번째 책 제목은 『나르시스, 그리고 나르시시즘』이라고 정했다. 사실 이 책은 그동안 발표했던 논문들을 모아서 만든 것에 불과했다. 그래서 문체도 완전히 달랐다. 먼저 문제를 제시하여 그 문제를 분석하고, 그 문제에 걸맞은 대답을 들려주는, 말 그대로 논문이라는 형식에 갇혀 있는 글이었다. 그래도 책의 형식상 '책을 내면서'라는 일종의 머리말이 허락되었고, 거기에 나만의 생각을 담아낼 수 있었다.

"드디어 산 정상에 도달한 두더지, 그는 분명 단단한 땅만을 파고 살았을 뿐이다. 어둡고 긴 굴을 홀로 만들어내고 통과하는 외로움, 목적지를 미리 알 수 없었기에 그에 동반되는 두려움은 남달리 컸을 것이다. 그러나 결국에 가서는 높은 산 위에 도달한 두더지. 대견스럽다. 난 그 두더지가 자랑스럽다." 이렇게 '책을 내면서'를 시작했다.

두더지 얘기는 니체도 심심찮게 써먹은 비유이다. 트로포니오스가 두더지의 이름이었다. 굴을 파면서 천국으로 향했던 그의 행위가 니체의 것이었다. 나도 그런 형식으로 생각에 임했다. 어디에 도달하게 될지 모르지만, 지금 가는 이 길에 대해 두려움을 느낄 필요는 없다.

사람은 살아야 하고, 다리를 가진 자는 일어서고, 걷고, 뛰고, 춤추고, 때로는 물구나무서기를 반복해야 한다. 눈을 가진 자는 세상을 바라보며 살아야 하는 것이다.

자신을 불시에 습격할 줄 아는 인간

하지만 생각은 나를 가만 내버려두지 않는다. 생각은 나에게 온갖 만행을 저지른다. 생각은 나의 본심과는 완전히 다른 길로 나아가게 하기도 한다. 내가 나를 속일 때도 있다. 정말 그래서는 안 되는 것이었다. 그러나 생각하는 존재에게 생각은 별짓을 다 한다. 생각이 나를 속일 때는 속수무책이 따로 없다. 그래서 정신을 똑바로 차리고 살아야 하는 것이다. 자신이 잘못하면 '자신을 불시에 습격할 줄'(인간)도 알아야 한다.

'불시에 습격'이라는 말의 의미를 깨달아주면 좋겠다. 자기도 모르는 시간을 만드는 것도 중요하고, 자신을 그런 때에 습격하는 것도 중요하다. 그러고 나서 자신을 혼내주기도 하고, 벌을 주기도 하고, 때로는 아예 그런 생각조차 하지 못하게 눈물과 함께 힘을 쏙 빼놓아야 하는 것이다. 그렇게 자신을 죽여놓고서 '신은 죽었다'라고 외쳐대는 니체의 정신을 끌어들이면 될 일이다.

니므롯의 화살이 자신의 심장을 향했고, 또 자기 심장을 뚫었다는

『디오니소스 송가』의 노랫소리를 떠올려도 좋다. 니므롯은 신이 된 자기 자신을 찾아갔고, 그에게 도전했으며, 그에게 화살을 겨냥했다. 결국에는 자기 자신을 죽이는 살인자가 되었다. 하지만 "자신을 거울에 비춰보는 데 익숙해 있는 사람은 항상 자신의 추한 모습을 잊고 있다."(인간) 사람은 모두 나름대로 잘난 맛에 산다. 살고 싶으면 잘난 면을 주목하는 게 좋다.

그렇다고 해서 자기 자신을 아름답게 바라보고 타인은 추하게 바라본다면, 나르시스처럼 스스로 추한 사람이 되고 말 것이다. 그런 사람은 자기 눈 때문에 미치거나 자살할 수도 있다. 이런 삶은 경계해야 마땅하다. 나르시스는 운명에 놀아난, 그래서 가련하고 안타까운 삶을 살아간 청년이다. '운명의 장난에 놀아났다'는 말이 있는 것처럼, 나르시스의 삶에는 자기 의지가 결여되어 있다. 죽자고 달려들지만 그것조차 운명에서 예견된 일이었다.

신과 악마는
하나다

하루의 일과를 마치고 인식의 나무 아래 누워 있는 뱀은 바로 신 자신이었다.
(이 사람)

어린 시절, 어머니는 늘 떠나갔지만 항상 때가 되면 돌아왔다. 그것을 이해하지 못했을 때는 어머니의 떠남을 견디지 못해 정신 줄을 놓을 위기에 처하기도 했다. 하지만 언제나 다시 돌아온다는 그 어머니의 원리를 깨달은 이후부터는 떠남을 앞에 두고서 절대로 울지 않을 수 있었다. 오히려 그 떠남을 통해 위로받고 힘을 되찾아 돌아올 어머니를 생각하며 너그럽게 놓아주기도 했다. 이것이 이해함의 힘이다. 사람은 이해하면 뭐든지 끌어안을 수 있게 된다.

니체의 생각은 늘 돌고 도는 돌림노래를 연상케 한다. 항상 변화만을 원한다. 언제나 이랬다저랬다를 식은 죽 먹기보다 더 쉽게 내뱉는다. 하지만 그 변화 이전과 변화 이후 사이에는 영원이 있을 뿐이다. 오랜 침묵의 시간이 버티고 있는 것이다. 그런 시간에 대한 공감

274

이 없으면 그저 우연적인 순간만이 발견될 뿐이다. 니체의 생각을 따라가지 못하는 자들은 '그가 이랬다 저랬다 하며 스스로 모순에 빠져 있다'는 전형적인 비판만 쏟아놓는다.

하지만 니체는 언제나 '한없는 웃음의 파도'(즐거운)를 연출해낼 뿐이다. 부서지는 파도의 고통을 보지 못한 채 시끄러운 파도 소리만 듣는 것도 잘못이고, 인간적인 너무나 인간적인 말들은 읽어내지 못하고 모든 것을 파괴하는 악마적인 파도만 보는 것도 잘못이다. 파도는 오고 간다. 오고 가는 그 파도의 현상과 함께 그 뒤에 버티고 있는 바다의 본질을 보는 것은 남다른 시각이 요구된다. 올 때는 어떻게 오고 갈 때는 어떻게 가는지를 깨달아야 한다.

나의 세상은 너의 세상과 다르다

선과 악은 하나다. 악이 없는 선도 없고, 선이 없는 악도 없다. 신과 악마는 하나다. 악마 없는 신은 허상이고, 신 없는 악마는 망상이다. 창조하는 신이나 창조물을 유혹하는 뱀이나 다 하나다. 그 모든 것은 이야기라는 형식 속에서 공존하고 있다. 이것이 없으면 저것도 존재할 이유가 없다. 저것도 있으니까 이것도 의미가 있는 것이다. 하나는 좋고 다른 하나는 나쁘지만, 그 둘이 공존해야 진정한 하나의 형상이 완성되는 것이다.

유혹은 하나의 개념이지만, 그 개념을 채우는 의미는 다양하다. 유혹은 존재한다. 유혹하고 싶은 마음도 있고, 유혹받고 싶은 마음도 있다. 두 개의 마음은 서로 다른 마음이지만, 하나의 마음속에서 이랬다저랬다를 반복하고 있을 뿐이다. 이럴까 저럴까는 늘 선택의 문제이지, 이미 결정된 사실의 문제가 아니다. '내 마음 나도 몰라!'라고 말하는 마음도 있다. 몰라도 내 마음이다. 하나님에겐 뜻이 중요하지만, 사람에겐 마음이 중요하다.

자신이 원하지 않는 것을 제거하고 나면, 자신이 원하는 이상향이 펼쳐지기는 하겠지만, 그 안에는 자기밖에 없는 외로운 시간과 공간만이 남게 될 뿐이다. 사랑하고 싶으면 사랑하는 대상의 시간과 공간으로 들어갈 줄 아는 지혜가 필요하다. 사랑한다면서 자기 시간과 공간만 고집하고 있으면, 사기는 당할지 몰라도 사랑은 받을 수 없다. 사기 치는 사람은 상대방의 마음속으로 들어가 그 마음을 훔치는 일에는 도가 텄을 것이기 때문이다.

사람에겐 자의식이 주어져 있다. 의식은 밖으로 향하는 힘을 지녔지만, 그것이 자기 자신을 향하게 하는 원동력이 된다. 바로 그것이 자의식의 힘이다. 그 힘이 보여주는 현상은 상상을 초월한다. 정말 수수께끼 같은 현상이다. 밖이면서 동시에 안이 된다. 인간이 바라보는 세상이 이런 것이다. 밖에 있는 세상이 보이면서, 또 동시에 그 세상은 자신의 세계관에 의해 형성된 결과물이 될 뿐이다. 그래서 나의 세상은 너의 세상과 다를 수밖에 없다.

지금 이 순간을 지배하고 있는 정신

사람도 사람 나름이다. 누구는 사랑하고 싶어 하고, 누구는 사랑받고 싶어 한다. 누구는 평가하고 싶어 하고, 누구는 인정받고 싶어 한다. 시간과 공간의 원리가 이런 다양한 현상을 만들어낼 뿐이다. 현상은 다양하다. 본질은 단일해도 현상은 언제나 다양할 뿐이다. 현상의 다양성이 보편성을 형성할 뿐이다. 사람마다 세상을 바라보는 눈이 다르고, 그래서 서로가 다른 세상에서 살아가고 있을 뿐이다.

사람의 한평생은 시간과 공간으로 제한되어 있다. 사람은 반드시 죽을 수밖에 없다. "반드시 죽을 거야, 아마도가 아니라 확실히! 언제 죽을지도 확실하지 않고, 어떻게 죽을지도 확실하지 않으며, 어디서 죽을지도 확실하지 않지만, 죽는다는 것은 확실하다네."[23] 그래서 죽음도 숙제가 된다. 삶을 얻는 사람이 풀어야 할 영원한 숙제가 죽음이다. 피할 수 없다면 즐겨야 한다. 어쩔 수 없다면 사랑해야 한다.

신을 원하는 것이 인간에게 운명인 것처럼, 뱀의 유혹 또한 피할 수 없는 필연의 조건으로 인간에게 주어져 있다. 신과 뱀은 하나다. 창조와 유혹은 하나다. 쉬고 있는 정신은 뱀이고, 창조하는 정신은 신이다. 지금 이 순간을 지배하고 있는 정신은 무엇인가? 오직 그것이 관건일 뿐이다. 사람은 누구나 두 가지 형식을 공유하고 있다. 내 안에 뱀에 버금가는 괴물이 있기도 하고, 내 안에 나를 지배하는 영원의 신이 있기도 하다.

순간에 대한
고민과 인식

여기 이 성문을 보라! 난쟁이야! 이 문은 두 개의 얼굴을 갖고 있다. 두 개의 길이 이곳에서 만나고 있다. 그 길들을 끝까지 가본 자는 아직 없다. / 이 문 뒤로 나 있는 저 긴 골목길, 그 길도 영원으로 통하고, 저쪽 밖으로 나 있는 저 긴 골목길도 또 다른 영원으로 통한다. / 이 성문에서 서로 다른 두 개의 영원이 맞닿아 있다. 두 개의 영원한 얼굴이 머리를 맞대고 있는 것이다. 그렇게 여기, 바로 이 성문에서 두 개의 영원이 만나고 있는 것이다. 그 위에 성문의 이름이 적혀 있다. '순간'이라는 이름이. (차라)

얼마 전 도서관에서 강의를 준비하다가 문득 스승의 소식을 알고 싶어서 독일어판 위키피디아를 뒤진 적이 있다. 그때가 되어서야 마침내 스승의 사망 소식을 접했다. 절대 죽지 않을 것만 같았던 사람이었기에 당황스러웠다.

무심했던 나 자신에게도 약간 실망할 수밖에 없었다. 사실 독일 유학 시절 스승은 자신의 생일을 맞이해 나를 매년 초대했었다. 하지만 그 날짜를 늘 까먹고 말았다. 공부한다는 핑계로 다른 모든 것은 잊고 살았던 것이다.

그 하루를 영원으로 인식하는 것이 관건

정말 최선을 다해 살고 있었다. 2019년, 죽을 것만 같았다. 시력에 한계가 느껴졌고, 고관절 오십견도 극에 달했다. '이번이 마지막이다!'라는 심정으로 쓴 책이 『니체, 문학과 철학의 두물머리』였다. 이것은 같은 해 7월부터 9월까지 철학아카데미에서 강의한 노트를 책으로 엮은 것이다. 누구는 이 책을 필사한다는 사람도 나타났다. 정말 고마운 사람이고, 또 그런 독자들 때문에 사는 보람을 느낀다.

놀라운 일은 스승의 죽음과 죽음 직전까지 갔던 나의 건강 상태가 서로 맞물려 있었다는 것이었다. 당시에 나는 마치 유언을 남기듯이 글을 썼다. 아무도 이해해주지 않는 나의 글이라 해도 나는 나의 글을 포기해서는 안 된다고 생각했다. 내가 실망에 빠져 있었을 때 스승이 메일을 보내왔다. '내가 배운 것을 듣고 싶어 하는 사람들이 있을 것'이라고. '그런 사람들에게 실망을 끼치지 말라'고. '늘 최선을 다해 살아달라'고.

버티고 버텨 여기까지 왔다. 스승이 나를 인정하던 어느 날 저녁의 순간도 기억이 난다. 우리는 함께 야외에서 식사를 즐기고 있었다. 나뭇가지에서 우리 식탁 위로 거미가 줄을 타고 내려오고 있었다. 그때 스승은 차라투스트라에 나오는 한 구절을 외워주었고, 나는 그 뒤의 문장을 외워주었다. 우리는 말없이 서로를 물끄러미 바라보았다. 나는 나 자신이 자랑스러웠다. 예상치 못한 순간에 늘 묵상하고 있던 문장을 꺼내놓을 수 있어서 스스로가 대견했다.

영원은 두 가지 형식으로 우리에게 주어져 있다. 하나는 과거이고, 다른 하나는 미래이다. 하루를 살아도 그 하루는 영원의 형식으로 우리에게 주어져 있다. 그 하루를 영원으로 인식하는 것이 관건일 뿐이다. 누구에게나 24시간이라는 물리적 시간은 주어져 있지만, 누구는 그 시간을 두고서도 시간이 없다고 안타까워하고, 누구는 시간이 남아돌아 할 일이 없어 심심하다며 한숨을 내쉰다.

영원이 있기에 순간이 의미 있게 되다

순간이라는 단어가 주는 의미는 남다르다. 독일어로 순간은 '아우겐블릭Augenblick'이다. '아우겐'은 '눈'을 뜻하고, '블릭'은 '시선'을 뜻한다. 눈과 시선이 모여 순간이라는 단어를 만들어 낸 것으로 '눈 깜빡할 순간'이란 의미가 가미되어 있는 것이다. 하지만 그 순간이 인간의 것이라는 데서 인식이 주어져야 한다. 인간의 것 반대편에는 신의 것이 있다. 인간과 신은 늘 반대편에 서 있을 뿐이다. 그 두 개의 존재가 극단적으로 큰 세상, 태극을 만든다.

순간은 영원의 반대말이 되지만, 영원이 있기에 순간이 의미를 취하게 되는 것이다. 둘은 하나의 사물에 대한 두 개의 얼굴이다. 이런 관계에 대한 인식이 바로 인간과 신과의 관계를 깨닫게 해준다.

너무 늦은 인식은 탄식을 피하지 못하게 한다. 누구에게나 죽기 전에 인식이 오겠지만, 그렇게 죽음 직전에서 얻은 인식은 살아온 삶 전체를 나락으로 빠뜨리고 말 것이다. 그러므로 가능하면 이른 시기에 깨닫기를 바라는 마음이 간절하다.

"너는 인식으로 올라갈 수 있는 백 개의 계단으로 이루어진 사다리를 가지고 있다."(인간) "네 자신의 삶은 인식을 위한 도구와 수단으로서의 가치를 얻게 된다."(인간) "인식은 삶을 전제로 한다."(반시대) "질병은 인식의 수단이다."(인간) "질병은 인식의 수단이며 인식을 낚는 낚싯바늘로서 반드시 필요하다."(인간) "삶은 인식의 수단이다."(즐거운) 이런 니체의 문장들을 붙들고서 묵상의 시간을 보내야 한다. 묵상의 시간이 길수록 거대한 인식이 주어질 것이다.

차라투스트라의 입에 담긴
마지막 대사

<hr />

나의 아침이다. 나의 하루의 시작이다. 솟아올라라, 솟아올라라, 너, 위대
한 정오여! (차라)

『차라투스트라는 이렇게 말했다』에서 차라투스트라에게 주어진 첫
번째 대사는 이런 것이었다. "너 위대한 태양이여! 네가 비추어줄 그
런 것들이 존재하지 않는다면 무엇이 너의 행복이겠느냐!"(차라) 태양
과 대화를 하면서 차라투스트라는 존재를 확인시켰고, 이런 대화의
형식은 마지막에 이르러서 다시 각인시킨다. 백발이 된 노인은 새로
운 태양과 함께 새로운 아침을 준비한다. 새로운 아침과 함께 새로운
시작을 준비하는 것이다.

　새로운 도전이다. 마지막 순간이지만, 과거를 주시하지 않고 미래
를 응시한다. 뒤를 돌아보지 않고 앞만 바라본다. 시력은 약해졌을지
언정 정신의 시력은 더욱 총명해졌다. 눈을 감았어도 눈을 뜬 경지가
바로 이런 것이리라.

태양의 철학은 빛의 철학이다. 빛의 현상학이다. 아폴론은 빛의 신이다. 아폴론은 디오니소스와 함께 예술의 원리로 군림한다. 자신의 삶을 예술 작품처럼 살고 싶다면, 두 신의 원리에서 벗어나는 일은 없어야 한다.

정오에는 새로운 즐거움이 주어진다

"자네 이상한 외국 청년, 이렇게도 말해보게, 이 민족은 그렇게 아름답게 될 수 있기 위해 얼마나 많이 고통을 당해야 했겠는가! 그러나 지금 나를 따라와 비극을 보세. 그리고 나와 함께 두 신의 신전에 제물을 바치세!"(비극) 이것이 니체의 첫 번째 작품 『비극의 탄생』을 마감하는 구절이었다. 진주는 늘 하나의 실에 꿰져야 의미를 취하듯이, 논리도 하나의 의미로 꿰져야 가치가 있는 것이다.

퍼즐은 맞춰져야 한다. 니체가 한 말들은 인문학이라는 거대한 강물을 이루며 흘러간다. 그는 신이 있던 자리에 인간을 대체해놓는다. 신을 죽이고 인간을 살리려는 마음으로 철학에 임한다. 신이 된 자신을 죽이고 인간이기를 바라는 자기를 빛의 존재로 부상시킨다. 어둠 속에 은폐되어 있던 자기를 현상의 원리에 따라 거침없이 드러낸다. 그래도 된다는 것이 니체의 양심이다. 신을 죽일 때도, 또 신을 살릴 때도 니체는 같은 양심으로 대할 뿐이다.

니체는 끝까지 하루의 이념으로 삶을 살아가고자 한다. 하루가 한 평생이다. 단 하루를 살고자 하는 일념으로 자신의 하루를 맞이한다. 내일이 없을 것처럼 오늘이라는 하루에 몰두한다. '나의 아침'도 나의 것이고, '나의 하루'도 나의 것이다. 그런 하루 속에서 '위대한 정오'를 맞이하는 것은 나의 책임이다. 그 하루를 감당하지 못하고 그 하루에 패배를 선언하는 것도 자기 책임이다. 최선을 다하며 견뎌낸 하루가 또 다른 하루를 만나면서 인생이라는 시간이 형성될 뿐이다.

정오는 태양이 가장 높이 솟아 있을 때이다. 그때는 그림자가 가장 적을 때이다. 정오는 비유이다. 삶에서 고통은 없을 수 없지만, 그 고통이 가장 적을 때를 두고 니체는 정오라는 시간대를 언급하고 있는 것이다. 정오는 위대한 순간이다. 정오에는 새로운 즐거움이 주어진다. 새로운 기쁨이 시간을 채운다. 새로운 행복이 모습을 드러낸다. 산다는 것은 이런 순간을 향해 질주할 뿐이다. '살아 있어서 고맙다'는 말이 가져다주는 순간을 맛보고 싶을 뿐이다.

자기 자신과의 싸움에서 물러서지 말라

'솟아올라라, 솟아올라라.' 이 외침은 절박했던 부르짖음과는 완전히 다른 음성을 들려준다. 호전적이며, 공격적이다. 물러섬 없이 전진만이 있을 뿐이다. 이런 순간에는 다음과 같은 자기를 향한 질문이 형성된다. "자신의 힘을 견주어볼 수 있는 상대인 적敵, 즉 가치 있는 적으로서 무서운 것을 갈망하는 몹시 날카로운 눈초리의 실험적 용기는? 자신이 '두려워하는 것'이 무엇인지를 배우고자 하는 적은 있는가?"(비극) 정오가 바로 그런 적이다. 적이 위대할수록 그 적과의 전쟁은 위대한 승리를 약속해준다. 살고 싶으면 목숨을 걸라! 이것이 니체의 철학이 우리에게 들려주는 소리이다.

괜찮은 어른이 되고 싶은 정신이라면 니체의 말들로 묵상을 거듭해야 한다. 자기 자신과의 싸움에서 물러섬을 보이는 비겁함을 보여서는 안 된다. 자기합리화와 자기변명이야말로 니체가 가장 혐오하는 자세이자 행태이다. '난 할 수 없다!'라고 말하면서 일어설 수 있는 힘을 가졌다면, 그는 자신을 속이고 있을 뿐이다.

끝도 없이 반복하는 질문,
"나를 이해했는가?"

나를 이해했는가? — 디오니소스 대 십자가에 못 박힌 자…. (이 사람)

니체 철학은 대립을 근본으로 한다. 따라서 대립의 이념을 이해하는 것이 관건이다. 하지만 이해하기가 쉽지 않은 이념이다. 이성으로 바라보면 보이지 않는 이념이다. 논리로 바라보면 허상이 될 뿐이다. 하지만 생각하는 존재는 전혀 다른 이성을 도출해낼 수도 있다.

다른 눈으로 바라보면 보이는 현상이 있다. 그것이 니체가 말하는 대립의 이념이다. 대립하면서도 일상에서 접할 수 있는 그런 대립과는 전혀 다른 대립을 인식하게 해준다. 그래도 무슨 말인지 도저히 모르겠다면 다시 한번 우리에게 익숙한 태극의 이념에서 도움을 청할 수도 있으리라.

하나의 정답 안에 갇히지 않기

태극 안에는 음과 양이 서로 맞물려 물방울의 형상으로 돌고 있는 현상을 보인다. 이 물방울의 형상은 부드럽기 짝이 없다. 서로가 서로를 지향한다. 서로가 서로를 사랑의 이념으로 다가선다. 하지만 둘은 서로 섞일 수 없다. 둘은 분명한 선을 두고서 구분되어 있을 뿐이다. 음은 음이고, 양은 양일 뿐이다.

그런데 태극을 이루는 둘은 둘이 아니다. 둘은 둘이 함께 있어야 태극이 되기 때문이다. 태극! 말 그대로 극단적으로 큰 세계를 의미한다. 가장 큰 세계가 태극이다. 극에 도달한 상태이지만, 그 한계에서 가장 큰 이념이 완성된다. 한계에 도달했지만, 그 지점에서 극단이 형성되는 것이다. 모순이다. 우주는 끝도 없지만, 그 우주를 품은 정신이 있다. 끝에 도달했지만, 그 끝이 최고의 경지에 이른 것을 의미한다.

니체의 이념도 마찬가지이다. '선악의 저편'이라 불리는 그의 이념도 태극의 이념을 닮았다. 우리가 이해해야 할 초인의 형상은 이런 것이다. 초인은 디오니소스이기도 하고, 십자가에 못 박힌 자이기도 하다. 둘은 서로 대립을 일삼지만, 둘 다 사랑으로 품어야 할 대상일 뿐이다. 한쪽은 자기를 잊는 무아지경이 되어 자신을 살려내는 지경에 있고, 다른 한쪽은 의식적으로 자신을 희생시키며 자기를 구원하는 지경에 있다.

니체의 초인은 둘 다 자신 속에 품어낸다. '디오니소스'도 나의 형식이고, '십자가에 못 박힌 자'도 초인의 형식이다. 둘이 모여 하나의 더 큰 형식을 만들어낸다. 초인은 '엄마도 좋고, 아빠도 좋다!' 그는 악마도 좋고, 하나님도 좋다. 망각도 좋고, 기억도 좋다. 어둠도 좋고, 밝음도 좋다. 깊음 위의 흑암도 좋고, 윤슬을 품은 수면도 좋다. 니체는 '나를 이해했는가?'라는 질문으로 자신의 이런 철학적 이념이 새로운 공식임을 알고 끊임없이 검증한다.

많은 사람이 발목 잡히는 대목은 니체가 기독교를 공격했다는 사실을 기억할 때이다. 맞는 말이지만, 니체의 형식 속에서 기독교를 이해할 줄도 알면 아무런 문제가 발생하지 않을 것이다. 예를 들어 루터도 기독교를 공격했지만 우리는 루터의 신앙을 이단이나 악마의 정신으로 평가하거나 해석하지 않는다. 오히려 기독교를 개혁한 인물로 인정해주는 것이다. 루터의 업적은 다 죽어가던 기독교를 되살려냈다는 것에 있다.

"루터는 교회를 재건했다. 교회를 공격하면서…."(안티) 이런 말을 이해할 수 있으면 니체도 충분히 이해할 수 있을 것이다. 디오니소스와 십자가에 못 박힌 자, 즉 예수는 완전히 다른 존재이지만 둘을 품을 수 있는 더 큰 세상도 있다. 빛의 존재는 예수이기도 하고, 아폴론이기도 하다. 물론 존재의 형식은 빛이라는 속성으로 똑같다. 어둠과 빛이 공존하는 그런 세상을 생각하는 정신이 있다. 그런 정신을 떠올릴 수 있는 사람이라면 니체와도 친구가 될 수 있다.

"튼튼한 이빨과 튼튼한 위장 — / 이것을 그대에게 바라노라! / 내 책을 견뎌 낸다면 / 나와도 친해질 수 있을 것이다."(즐거운) "이 어리석은 자의 책에서 배우라, / 어떻게 이성이 오며 — '이성으로' 돌아가는가를! // 그럼 친구들이여! 그래야만 되지 않겠는가? / 아멘! 그리고 안녕!"(인간) 이성적 존재가 이성을 버릴 수 있는 것도 능력이다. 하나의 정답 안에 갇히지 않고 늘 새로운 정답을 찾아나서는 것도 능력이다. 그런 능력을 위해 니체는 기도까지 하고 있다. 그가 외쳐대는 '아멘!'이라는 소리에 귀를 크게 열어두어야 한다.

비극으로도 축제를 벌일 수 있다

니체를 이해하려면 자신의 한계를 뛰어넘어야 한다. 한계에 갇힌 정신으로는 얻을 수 있는 것이 하나도 없다. 모든 것은 그 '하나'를 깰 수 있을 때만 주어진다. 이런 공식을 위해서 헤세의 『데미안』이 최고의 비유를 형성해준다. 묵상하는 의미에서 다시 언급해본다. "새는 알에서 나오려 한다. 알은 세계이다. 태어나려 하는 자는 하나의 세계를 깨뜨려야 한다. 새는 신에게로 날아간다. 신은 아브락사스이다."

늘 '하나'가 문제이다. 이성은 하나를 원하지만, 그 하나로 평생을 살 수 없다는 것이 문제이다. 그 하나가 사랑을 방해한다. 유일한 유일성이 하나가 둘이 되지 못하게 방해하는 것이다. 니체의 시 〈질스마리아〉의 구절을 다시 떠올려도 좋다. "그때 갑자기, 나의 여인이여, 하나가 둘이 되었다 ─ / ─ 그리고 차라투스트라가 내 곁을 지나갔다…" 이런 신비로운 말을 이해하려면 니체가 생각하는 범주로 그의 영역으로 들어서야 한다. 선악의 저편에서 진정한 사랑이 실현된다.

'하나가 둘이 되었다'는 인식이 바로 태극의 이념을 채운다. 하나이지만 둘이고, 둘이지만 하나이다. 이런 인식이 극단적으로 큰 세상을 만들어주는 것이다. 니체가 철학적으로 형성해내는 세상은 이런 공식을 이해했을 때만 주어진다. 괴테도 이런 말로 고전주의를 완성했다. "아아, 내 가슴속에는 두 개의 영혼이 살고 있다."[24] 하늘의 뜻과 대지의 뜻은 공존한다. 두 개의 영혼이 서로를 지향하면서 돌고 돈다. 그 두 개의 영혼이 태극을 완성한다.

니체가 말하는 그 대립의 공식 안에서는 비극으로도 축제를 벌일 수 있다. 죽음 앞에서도 충분히 박수를 치고 놀 수 있다. 니체의 세계에서는 삶도, 죽음도 모두 사람의 일이 되어서 우리를 반길 뿐이다. "사람들은 오디세우스가 나우시카와 이별했을 때처럼, 그렇게 삶과 이별해야만 한다. ─ 연연하기보다는 축복하면서."(선악) 이것이 바로 축복으로 가득 차 있는 축제의 이념이다. 비극이라 말하면서도 축제를 벌이는 정신이 이때 출현하는 것이다.

행복을 맛본 후에는
스스로 찔러서 터뜨려야 할 심장

내게 무슨 일이라도 일어난 것일까? 조용히 하라! 나를 찌르는 것이 있구나. 애석하게도, 심장을? 심장을! 오, 터져 버려라, 터져 버려라, 심장이여, 그와 같은 행복을 맛본 다음에는, 그처럼 찔리고 난 뒤에는! (차라)

세상은 완벽하다. 그런 완벽한 세상을 맛본 후에는 심장은 터져버려도 상관없다. 죽어도 상관없다. 공자도 '조문도 석사가의朝聞道 夕死可矣'라고 했다. 그런 말은 깨달은 자의 것이다. 목숨과도 바꿀 수 있는 것이 인식이다. 죽어도 여한이 없는 것이 깨달음의 위력이다. 그런 인식의 순간에 대한 말들은 수없이 많다. 쇼펜하우어는 "인식이 생기자마자 욕망은 사라져 버렸다"[25]라는 말을 하기도 했다. 우리에게 익숙한 표현으로는 '욕망의 불을 끈다'는 말이다.

　배움에는 여러 가지가 맞아야 한다. 첫째, 눈높이가 맞아야 한다. 수준이 맞아야 하며, 자신에게 어울리는 책이 있다. 둘째, 인연이 맞아야 한다. 타이밍과 취향이 맞아야 한다. 그때 운명적인 만남이 이뤄진다. 니체에게 쇼펜하우어는 우연히 나타났지만, 그 우연을 필연으로 만들어낸 것은 니체의 업적이 되었다. 그런 만남이 철학사의 영광스러운 순간을 연출한 것이다. 그리고 그런 순간에 불멸이 탄생한다.

부족한 게 많은 것이 인생이지만

사랑도 다 때가 있는 법이다. 때를 신경 써야 하는 것은 현상의 원리에 해당한다. 예를 들어 신은 때를 가려가며 창조에 임한 것이 아니다. 신은 마음만 먹으면 창조할 수 있는 존재이다. 신은 전지전능함의 전형이 될 뿐이다. 신에게는 한계가 없으며, 말 그대로 영원만이 어울릴 뿐이다. 하지만 사람의 일을 생각할 때는 뭐든지 문제가 된다. 시간도, 공간도 다 문제가 될 수 있다. 나이도 문제가 될 수 있고, 시력도 문제가 될 수 있다.

그런데 현상 속에서도 모든 것이 맞아떨어지는 순간이 있다. 모든 것이 하나를 이룰 때가 있다. 다양한 것이 현상의 모습인데, 그런 다양성 속에서도 신비로운 조화와 균형의 단일성이 구현될 때가 있다. '아하!' 하는 인식의 소리와 함께 주어지는 깨달음의 영역이 있다. 그때는 모든 것이 질서정연한 구조를 연출해낸다. 모든 것이 버려졌지만, 그래도 남아 있는 하나가 있다. 모든 것이 불에 타도 불꽃의 형상으로 살아남는 것이 있다.

자신이 쏜 화살에 맞아 전율하는 모습을 바라보며 자기는 승리감에 빠져든다. 그런 승리감은 질문으로 터져나온다. "내게 무슨 일이라도 일어난 것일까?" 질문이지만, 질문이 아니다. 수사학적 질문이라고 할까. 대답을 알고 있는 질문이다. 자신을 죽인 살인범이면서도, 그런 살인을 통해 자신은 결국 자기를 구원하는 주체가 된다. 자신을 죽인 것은 애석한 일이지만, 그것이 오히려 구원의 힘으로 작동한다. 죽어도 좋다. 아니, 죽어서 좋기도 하다.

부족한 게 많은 것이 인생이지만, 그런 인생을 책임지고 살아야 하는 것이 인간이다. 부족한 게 많아서 모든 인생은 비극이라는 형식 속에서 진행되지만, 그런 비극적인 이야기가 사람 사는 이야기로 승화될 때 행복을 선물로 받게 된다. 선악의 이편은 기독교의 교리로 길들어진 세상이라 늘 배타적이지만, 그래도 선악의 구분을 극복하고 나면 그 선악이 무대가 되어준다. 선악 자체를 발아래 둔 정신에는 니체가 꿈꾸던 저편의 세상이 펼쳐진다.

삶은 아무 잘못 없다

사람은 누구나 부족하며, 인생은 누구나 못난 부분이 있다. 그래도 사람은 살아야 사람이다. 삶을 향한 니체의 열정은 포기를 모른다. 『차라투스트라는 이렇게 말했다』에 실려 있는 〈사막의 딸들 틈에서〉라는 글은 이런 열정이 낳은 최고의 결실이다. 거대한 사막에서도 야자나무는 자신의 삶을 원망하지 않는다. 가슴속에 사막을 품은 자는 아플 것이다. 왜냐하면 사막은 끊임없이 자라고 있기 때문이다. 그래도 야자나무는 상관하지 않는다.

단단한 대추야자 열매의 마음을 품은 야자나무는 다리가 하나뿐이지만, 그 다리 하나만으로도 춤을 춘다. 행복을 위한 춤은 꼭 다리가 두 개 있어야 가능한 것도 아니다. "더 이상 울지를 말라"(차라)고 외쳐대는 니체의 초인 차라투스트라의 음성은 감동을 자아낸다. '울지 말라!' 철학자의 명령이다. 사람이 울지 않을 수는 없겠지만, 울고 있는 자신을 극복하고 자기를 구원하는 구원자가 되어야 한다고 노래하는 차라투스트라는 너무나 인간적이다.

우리에겐 두 개의 다리가 있다. 일어서고, 걷고, 달리고, 춤을 출 수 있는 다리가 두 개나 있다. 우리는 다리 하나만으로도 춤을 춰대는 야자나무를 바라보며 사는 방법을 배워야 한다. "용기를 내라! 용기를!"(차라) 용기를 내는 것은 부끄러운 일이 아니다. 끝이 아니라면 넘어서고 지나가야 한다. 니체는 주어진 삶을 최선을 다해 사는 데 용기를 내달라고 외쳐대고 있다. 삶은 아무 잘못이 없다. 삶을 살아야 하는 사람의 마음이 문제일 뿐이다.

신이 되기를 바라고, 그런 희망으로 자신의 삶을 살아주고, 또 신이 되었어도 거기서 만족하지 말고, 다시 그 심장을 터뜨린 후 새로운 단단한 심장으로 거듭나야 하는 것이 초인의 삶이다. 죽을 때까지 죽지 않고 살아남는 것이 초인의 인생 여정이다. 그런 여정 속에서 우리가 추구하는 어른의 형상이 구현되는 것이다. 괜찮은 어른이 되고 싶은가? 그러면 열심히 살라!

　나무는 겨울 동안 얼어 죽지 않기 위해 모든 것을 버리고 나이테를 만들지만, 그 나이테가 아름다운 무늬를 만든다. 삶은 변화 속에 있고, 그 변화 속에서 성숙해지며, 그런 시간 속에서 소중한 인연이 맺어진다. "오직 변하는 자만이, 나와 인연이 있다."(선악) 우연을 필연으로 만들고, 변화 속에서 운명을 만드는 것은 우리 모두의 책임이다.

저스트 두 잇!
자, 지금부터다!

중학생 시절, 영어 공부를 하다가 사전에 '저스트 두 잇Just do it'이란 문장을 '자, 지금부터다!'로 번역해놓은 것이 마음에 들었다. 그래서 그것을 노트에 적어놓고 좌우명처럼 외우고 다닌 적이 있다. 그러다가 스포츠 상품을 만드는 어느 유명 회사가 그것을 디자인 로고로 활용한 것을 보고서 그 문장의 가치를 먼저 알아준 나 자신이 대견스럽게 느껴졌다.

인생은 누구를 만나느냐에 따라 달라진다고 한다. 나는 이제 이런 말을 하고 싶다. 무슨 말을 외우고 있느냐에 따라, 어떤 말을 하며 사느냐에 따라 인생은 달라진다고! 나는 언제부턴가 니체의 문장을 외우며 살아가고 있다. 삶을 생각하게 하고, 삶의 의미를 찾게 해주는 문장들이 마음속에 쌓이는 것을 바라보며 보람을 느낀다. 내 마음의 무영탑이라고 할까.

나는 니체가 좋다! 그의 말들을 나를 위해 남겨준 유언처럼 받아들였다. 독일로 유학을 가서도 우연히 니체 전공자 밑에서 공부를 하게 되었다. 우연이었지만 필연으로 만들기 위해 최선을 다했다. 스승과 함께 나눈 수많은 대화들을 되뇌면서 이번 원고를 작성했다.

초인은 바다라고 했다. 썩은 물도 받아들이면서 스스로는 결코 썩지 않는 것이 바다의 속성이다. 바다는 다 받아서 바다다. 그런 존재를 나는 어른이라는 개념으로 설명하고자 했다. 나를 믿고 따라와주었다면, 이제 내가 내미는 도움의 손길을 확인했을 수도 있다.

니체는 변화를 주장했다. 신은 변할 필요가 없지만, 인간은 변해야 살 수 있는 존재이다. 고대는 중세에 의해 무너졌고, 중세는 근대에 의해 과거가 되었으며, 근대는 현대에 의해 낡은 것이 되고 말았다. 현대는 지금을 형성하지만, 그것이 끝이라고 생각하면 안 된다.

현대인의 숙제라면 현대를 극복하는 일이다. 니체가 던져준 '현대 이후'라는 개념을 붙들고 오랫동안 버틸 수 있어야 한다. 감당이 되면 미래가 도래해줄 것이고, 가슴으로 품을 수 있으면 그것이 지혜가 되고 미덕이 되어 인생을 책임져줄 것이다. 뭐가 되었든 포기만 하지 않으면 살 수 있다. 사람은 살아 있어야 사람이고, 숨을 쉬어야 정신이 맑아진다.

니체가 쇼펜하우어의 『의지와 표상으로서의 세계』를 읽을 때 그 속을 가득 채운 음울한 정신을 감당하려고 최선을 다했듯이, 나도 나의 독자들이 최선을 다할 수 있도록 감당하기 쉽지 않은 숙제를 주고 싶었다. 그리고 그 숙제를 다 해냈다면 보물처럼 숨겨둔 승리감을 찾았으리라 믿는다.

어른이 되는 것은 쉽지 않다. 해야 할 일들이 많아지기 때문이다. 그래도 좋다. 어른이 되고 나면 책임질 일도 많아진다. 그래도 좋다. 어른의 삶은 더 멋질 것이기 때문이다. 자, 지금부터다! 이제부터 꽤 괜찮은 어른으로 멋지게 사는 일만 남았다. 모두에게 진심으로 행운을 빈다.

'언제 어른이 될래?' 스스로 이 질문 앞에 서는 날, 거울 속에서 자신의 얼굴이 보이는 현상을 경험할 것이다. 겁먹지 말자. 그 얼굴은 자신의 얼굴일 뿐이다.

미주

1 Karl Simrock: 『Die deutschen Sprichwörter』, Stuttgart 2000, 315쪽; "Wer zuletzt lacht, lacht am besten."

2 재인용, 이동용: 『니체와 함께 춤을』, 이파르 2015, 40쪽.

3 재인용, 이동용: 『초인 사상으로 보는 인문학』, 세창출판사 2022, 284쪽.

4 윤동주: 〈또 다른 고향〉, 『하늘과 바람과 별과 시』, 권영민 편저, 문학사상사 1995, 116쪽.

5 윤동주: 『하늘과 바람과 별과 시』, 위의 책, 117쪽.

6 윤동주: 『하늘과 바람과 별과 시』, 위의 책, 119쪽.

7 쇼펜하우어: 『의지와 표상으로서의 세계』, 홍성광 옮김, 을유문화사 2015, 41쪽.

8 참고, 이동용: 〈비극을 불태우다〉, 『세상을 바꾼 철학자들』, 동녘 2015, 43쪽.

9 Martin Heidegger: 『Über den Humanismus』, Frankfurt am Main 1975, 5쪽; "Die Sprache ist das Haus des Seins."

10 미겔 데 세르반떼스: 『돈끼호떼』, 김현창 옮김, 동서문화사 2014, 1271쪽.

11 이상: 『오감도』, 미래사 2004, 27쪽.

12 재인용, 이동용: 『나르시스, 그리고 나르시시즘』, 책읽는사람들 2001, 309쪽.

13 재인용, 이동용: 『초인 사상으로 보는 인문학』, 위의 책, 200쪽.

14 재인용, 같은 책, 189쪽부터.

15 재인용, 이동용: 『니체의 잔인한 망치와 〈우상의 황혼〉』, 휴먼컬처아리랑 2020, 26쪽.

16 단테: 『신곡』, 허인 옮김, 동서문화사 2013, 12쪽.

17 윤동주: 〈별 헤는 밤〉, 『하늘과 바람과 별과 시』, 위의 책, 118쪽.

18 재인용, 이동용: 『초인 사상으로 보는 인문학』, 위의 책, 183쪽.

19 이동용: 『오늘도 걷고 있는 생각의 낙타』, 휴먼컬처아리랑 2021, 257쪽.

20 참고, 이동용: 『나르시스, 그리고 나르시시즘』, 위의 책, 393쪽.

21 이동용: 『망각 교실. 니체의 〈반시대적 고찰〉로 읽는 현대의 한계 논쟁』, 이파르 2016, 439쪽.

22 재인용, 이동용: 『삶이라는 지옥을 건너는 70가지 방법』, 추수밭 2024, 27쪽.

23 재인용, Willy Grabert u.a.: 『Geschichte der deutschen Literatur』, München 21/1984, 80쪽; "Es muss gestorben sein, nicht vielleicht, sondern gewiss! Wann sterben ist nicht gewiss; wie sterben ist nicht gewiss; wo sterben ist nicht gewiss; aber sterben ist gewiss."

24 재인용, 이동용: 『방황하는 초인의 이야기. 불후의 명작 괴테의 〈파우스트〉 읽기』, 휴먼컬처아리랑 2020, 33쪽.

25 재인용, 이동용: 『삶이라는 지옥을 건너는 70가지 방법』, 위의 책, 291쪽.

인간의 행복은 어디에서 오는가

아리스토텔레스의 인생 수업

아리스토텔레스 지음 | 값 15,000원

당신은 행복한가? 어떤 삶이 행복한 삶일까? 이 책은 행복은 무엇이며, 어디에서 비롯
되는지를 정리한 아리스토텔레스의 『니코마코스 윤리학』을 재편역한 것으로, 현시대
독자들이 쉽게 접근할 수 있는 내용을 엄선해 담았다. 다소 난해하고 관념적인 내용과
현시대와 맞지 않는 내용들은 덜어내고 정리했다. 지금 삶의 목적과 방향을 모르겠다
면, 진정으로 행복하게 살고 싶다면 읽어야 할 책이다.

살아갈 힘을 주는 니체 아포리즘

니체의 인생 수업

프리드리히 니체 지음 | 값 15,000원

내가 살아가는 목적을 모르겠다면, 현재의 삶이 괴롭고 고통스럽다면 니체의 생생한
목소리를 담은 이 책을 읽자! 채우기보다는 비워내 나 자신을 찾아 삶의 위기를 의연하
게 이겨내길 당부하는 니체 특유의 디톡스 철학, 생(生) 철학이 고된 우리의 현실을 이
겨내고 다시 살아갈 힘을 준다. 이 책에는 우리가 알아야 할 인생의 모든 지혜가 담겨
있다. 겉만 번지르르한 관념적인 인생 조언이 아니라 냉엄한 현실을 살아가는 데 도움
이 되는 생생하고 구체적인 실천 수칙들이 가득하다.

살아갈 힘을 주는 쇼펜하우어 아포리즘

쇼펜하우어의 인생 수업

아르투어 쇼펜하우어 지음 | 14,900원

행복과 인생의 본질, 인간관계의 본질, 학문과 책의 본질 등 인생 전반에 대한 쇼펜하우
어의 직설적인 조언을 담은 인생 지침서다. 쇼펜하우어는 이 책에서 인생은 고통 그 자
체지만 이 고통이 살아갈 힘을 준다고, 부는 행복에 큰 영향을 끼치지 않는다고, 남에게
평가받기 위해 인생을 낭비하지 말라고, 불행은 혼자 있을 수 없는 데서 생기기에 인간
은 고독해야 한다고 전한다.

사람의 마음을 움직이는 38가지 설득 요령

쇼펜하우어의 내 생각이 맞다고 설득하는 기술

아르투어 쇼펜하우어 지음 | 값 13,500원

이 책은 대화하는 사람들의 내면에 잠재된 인간 본성을 들춰냄으로써 인간의 오류를
예리하게 지적한다. 나아가 논리학에서 다루는 쟁점 사항인 객관적인 진리에 도달하기
위해, 궁극적으로 상대로부터 몰아치는 공격에서 허위와 기만의 낌새를 포착하고 그
것에 적절히 대처할 수 있어야 한다고 당부한다. 이 책은 그러한 위험 신호를 감지하는
민첩성과 예민함을 길러주는 훌륭한 지침서가 되어줄 것이다.

인간에 대한 위대한 통찰

몽테뉴의 수상록

미셸 몽테뉴 지음 | 값 12,000원

가볍지도 과하지도 않은 무게감으로 몽테뉴는 세상사의 다양한 주제들에 대해 본인의 견해를 자신 있고 담담하게 풀어낸다. 이 책을 읽으며 나의 판단이 바른지, 내가 지금 제대로 살고 있는지, 앞으로 어떻게 살아야 하는지 등을 수없이 자문해보자. 원초적인 동시에 삶의 골자가 되는 사유를 함으로써 의식을 환기하고 스스로를 성찰하며 인생의 전반에 대해 배우는 계기가 될 것이다.

자신과 마주하고 지혜롭게 살아가기

아우렐리우스의 명상록

마르쿠스 아우렐리우스 지음 | 값 11,000원

마르쿠스 아우렐리우스는 로마제국을 20년 넘게 다스렸던 16대 황제다. 그는 로마에 있을 때나 게르만족을 치기 위해 진영에 나가 있을 때 스스로를 반성하고 성찰하는 내용을 그리스어로 꾸준히 기록했다. 그 결과물이 바로 『명상록』이다. 마음가짐을 어떻게 가져야 하는지, 삶과 죽음에 대한 바람직한 태도는 무엇인지, 변하지 않는 세상의 본질은 무엇인지 등을 들려주고 있어 곱씹고 음미하면서 책장을 넘기게 될 것이다.

우리는 어떻게 살아야 하는가

발타자르 그라시안의 인생 수업

발타자르 그라시안 지음 | 15,000원

이 책은 스페인의 대철학자 발타자르 그라시안의 인생에 대한 뛰어난 통찰력과 인간관계의 본질에 대한 직설적인 조언을 담은 인생지침서다. 발타자르 그라시안은 좋은 사람인 척 살아가기보다는 세상의 본질을 알고 지혜를 갖출 때 내 삶은 행복해진다는 메시지를 전하고 있다. 이 책에서 만날 수 있는 현명하고 솔직한 직언으로 자기 자신의 모습을 되돌아보며 삶을 살아갈 힘을 얻어보자.

살아갈 힘을 주는 세네카 아포리즘

세네카의 인생 수업

루키우스 안나이우스 세네카 지음 | 값 14,500원

세네카가 남긴 12편의 에세이 중 대중들에게 가장 널리 알려진 6편의 에세이를 한 권으로 엮어 펴낸 책이다. 편역서의 특성상 현대의 독자들이 이해하기 힘들거나 시대적·역사적·문화적으로 거리가 먼 내용들은 과감히 삭제하고, 현대인들이 실질적으로 자신들의 삶에 적용할 수 있을 만한 핵심 내용만을 추려 간결하고 압축된 형식으로 소개한다.

■ **독자 여러분의 소중한 원고를 기다립니다** ────────────

초록북스는 독자 여러분의 소중한 원고를 기다리고 있습니다. 집필을 끝냈거나 집필중인 원고가 있으신 분은 khg0109@hanmail.net으로 원고의 간단한 기획의도와 개요, 연락처 등과 함께 보내주시면 최대한 빨리 검토한 후에 연락드리겠습니다. 머뭇거리지 마시고 언제라도 초록북스의 문을 두드리시면 반갑게 맞이하겠습니다.

■ **메이트북스 SNS는 보물창고입니다** ────────────

메이트북스 홈페이지 www.matebooks.co.kr

책에 대한 칼럼 및 신간정보, 베스트셀러 및 스테디셀러 정보뿐만 아니라 저자의 인터뷰 및 책 소개 동영상을 보실 수 있습니다.

메이트북스 유튜브 bit.ly/2qXrcUb

활발하게 업로드되는 저자의 인터뷰, 책 소개 동영상을 통해 책에서는 접할 수 없었던 입체적인 정보들을 경험하실 수 있습니다.

초록북스 블로그 blog.naver.com/chorokbooks

화제의 책, 화제의 동영상 등 독자 여러분을 위해 다양한 콘텐츠를 매일 올리고 있습니다.

메이트북스 네이버 포스트 post.naver.com/1n1media

도서 내용을 재구성해 만든 블로그형, 카드뉴스형 포스트를 통해 유익하고 통찰력 있는 정보들을 경험하실 수 있습니다.

STEP 1. 네이버 검색창 옆의 카메라 모양 아이콘을 누르세요. STEP 2. 스마트렌즈를 통해 각 QR코드를 스캔하시면 됩니다. STEP 3. 팝업창을 누르시면 메이트북스의 SNS가 나옵니다.